TRANZLATY

El idioma es para todos

ژبه د هر چا لپاره ده

El Manifiesto Comunista

مانیفست کمونیستی

Karl Marx
&
Friedrich Engels

Español / پښتو

Published by Tranzlaty
ISBN: 978-1-80572-434-6
Original text by Karl Marx and Friedrich Engels
The Communist Manifesto
First published in 1848
www.tranzlaty.com

Introducción
سریزه

Un fantasma acecha a Europa: el fantasma del comunismo
یک شبح اروپا را آزار می دهد ـ شبح کمونیزم

Todas las potencias de la vieja Europa han entrado en una santa alianza para exorcizar este fantasma
د زاره اروپا ټول قدرتونه د دي شبح د له منځه وړلو لپاره په یوه سپیڅلی اتحاد کې داخل شوی دی

El Papa y el Zar, Metternich y Guizot, los radicales franceses y los espías de la policía alemana
پاپ و تزار ، مترنیخ و گیزو ، رادیکالهای فرانسوی و جاسوسان پولیس آلمان

¿Dónde está el partido en la oposición que no ha sido tachado de comunista por sus adversarios en el poder?
کجا است حزب مخالف که توسط مخالفان خود در قدرت به عنوان کمونیست محکوم نشده است ؟

¿Dónde está la Oposición que no haya devuelto el reproche de marca al comunismo contra los partidos de oposición más avanzados?
کجاست اپوزیسیون که سرزنش کمونیزم را علیه احزاب اپوزیسیون پیشرفته تر رد نکرده است ؟

¿Y dónde está el partido que no ha hecho la acusación contra sus adversarios reaccionarios?
و کجا است حزبی که این اتهام را علیه مخالفان ارتجاعی خود وارد نکرده است ؟

Dos cosas resultan de este hecho
له دی حقیقت څخه دوه شیان پایله لری

I. El comunismo es ya reconocido por todas las potencias europeas como una potencia en sí misma
کمونیزم از قبل توسط تمام قدرت های اروپایی پذیرفته شده است که خود یک قدرت است

II. Ya es hora de que los comunistas publiquen abiertamente, a la vista de todo el mundo, sus puntos de vista, sus objetivos y sus tendencias

زمان آن فرا رسیده است که کمونیست ها در مقابل تمام جهان ، دیدگاه
ها ، اهداف و تمایلات خود را آشکارا منتشر کنند

deben hacer frente a este cuento infantil del Espectro del
Comunismo con un Manifiesto del propio partido

آنها باید این داستان کودکی شبح کمونیزم را با یک مانیفست خود حزب
ملاقات کنند

Con este fin, comunistas de diversas nacionalidades se han
reunido en Londres y han esbozado el siguiente Manifiesto

برای این منظور ، کمونیست های مختلف از ملیت های مختلف در لندن
گرد هم آمدند و این مانیفست را ترسیم کردند

El presente manifiesto se publicará en inglés, francés,
alemán, italiano, flamenco y danés

دا منشور باید په انگلیسی ، فرانسوی ، آلمانی ، ایتالوی ، فلاندری او
دنمارکی ژبو خپور شی

Y ahora se publicará en todos los idiomas que ofrece
Tranzlaty

یی وراندي کوی Tranzlaty او اوس باید په تولو ژبو کې خپره شی چی

La burguesía y los proletarios
بورژوازی و پرولتاریا

La historia de todas las sociedades existentes hasta ahora es la historia de las luchas de clases

تاریخ تمام جوامع موجود ، تاریخ مبارزات طبقاتی است

Hombre libre y esclavo, patricio y plebeyo, señor y siervo, maestro de gremio y oficial

فری مین او غلام ، اشرافی او پلبین ، بادار او رعیت ، د انجمن استاد او مسافر

en una palabra, opresor y oprimido

در یک کلام، ظالم و مظلوم

Estas clases sociales estaban en constante oposición entre sí

دا تولنیز طبقی تل یو د بل په مخالفت کی ولار وو

Llevaron a cabo una lucha ininterrumpida. Ahora oculto, ahora abierto

هغوی بی وقفه جګړه وکړه. اوس پت دی، اوس پرانیستل دی

una lucha que terminó en una reconstitución revolucionaria de la sociedad en general

مبارزه ای که یا به یک انقلابی بازسازی جامعه به پایان رسید

o una lucha que terminó en la ruina común de las clases contendientes

یا جنګی که به تباهی مشترک طبقات متخاصم ختم شد

Echemos la vista atrás a las épocas anteriores de la historia

راځئ چی د تاریخ پخوانیو دورو ته وګورو

Encontramos casi en todas partes una complicada organización de la sociedad en varios órdenes

مونږ تقریباً په هر ځای کی د تولنی یو پیچلی ترتیب په مختلفو نظمونو کی وینو

Siempre ha habido una múltiple gradación de rango social

تل د تولنیز رتبی ګڼ برابره درجه بندی شوی ده

En la antigua Roma tenemos patricios, caballeros, plebeyos, esclavos

په لرغونی روم کی مونږ پاتریسیان، شوالیه، پلیبیین، غلامان لرو

en la Edad Media: señores feudales, vasallos, maestros de gremios, oficiales, aprendices, siervos

،په منځنیو پیریو کې: فیودال سالاران، رعیت لرد، د انجمن استادان مسافرین، شاګردان، رعیت

En casi todas estas clases, de nuevo, las gradaciones subordinadas

تقریباً په دې ټولو ټولګیو کې ، بیا هم ، ماتحت درجه بندی

La sociedad burguesa moderna ha brotado de las ruinas de la sociedad feudal

جامعه بورژوازی مدرن از ویرانه های جامعه فیودالی جوانه زده است

Pero este nuevo orden social no ha eliminado los antagonismos de clase

اما این نظم جدید اجتماعی تضادهای طبقاتی را از بین نبرد

No ha hecho más que establecer nuevas clases y nuevas condiciones de opresión

این فقط طبقات جدید و شرایط جدید ظلم را ایجاد کرده است

Ha establecido nuevas formas de lucha en lugar de las antiguas

د زرو مبارزو پر ځای یې د مبارزي نوي بڼي رامنځته کړي دی

Sin embargo, la época en la que nos encontramos posee un rasgo distintivo

با این حال ، دوره ای که ما خود را در آن می یابیم دارای یک ویژگی متمایز است

la época de la burguesía ha simplificado los antagonismos de clase

عصر بورژوازی تضادهای طبقاتی را ساده کرده است

La sociedad en su conjunto se divide cada vez más en dos grandes campos hostiles

جامعه به عنوان یک کل بیشتر و بیشتر به دو اردوگاه های متخاصم بزرگ تقسیم می شود

dos grandes clases sociales enfrentadas directamente: la burguesía y el proletariado

: دو طبقه اجتماعی بزرگ که مستقیما در مقابل یکدیگر قرار داشتند بورژوازی و پرولتاریا

De los siervos de la Edad Media surgieron los burgueses de las primeras ciudades

د منځنیو پیریو د رعیت څخه د لومړنیو ښارونو چارتر برګران راپورته شول

A partir de estos burgueses se desarrollaron los primeros elementos de la burguesía

له دغو برګيسونو څخه د بورژوازی لومړنی عناصر وده وموندله

El descubrimiento de América y el doblamiento del Cabo

د امريکا کشف او د کيپ ګردچاپيره

estos acontecimientos abrieron un nuevo terreno para la burguesía en ascenso

این رویدادها زمینه تازه ای را برای بورژوازی در حال ظهور باز کرد

Los mercados de las Indias Orientales y China, la colonización de América, el comercio con las colonias

بازارهای هند شرقی و چین ، استعمار آمریکا ، تجارت با مستعمرات

el aumento de los medios de cambio y de las mercancías en general

د تبادلی په وسايلو او په عمومی توګه د اجناسو زياتوالی

Estos acontecimientos dieron al comercio, a la navegación y a la industria un impulso nunca antes conocido

دی پيېنو سوداګری ، کښتيو چلولو او صنعت ته داسي انګيزه ورکړه چی مخکی له دي نه دي نه پيژندل شوي وه

Dio un rápido desarrollo al elemento revolucionario en la tambaleante sociedad feudal

این امر به عنصر انقلابی در جامعه متزلزل فيودالی سرعت بخشيد

Los gremios cerrados habían monopolizado el sistema feudal de producción industrial

ترل شويو اصناف د صنعتی توليد فيودالی سيستم انحصار کړی وو

Pero esto ya no bastaba para satisfacer las crecientes necesidades de los nuevos mercados

خو دا نور د نويو بازارونو د زياتېدونکو غوښتنتو لپاره کافی نه و

El sistema manufacturero sustituyó al sistema feudal de la industria

د توليدی سيستم د صنعت د فيودالی سيستم ځای ونيو

Los maestros de gremio fueron empujados a un lado por la clase media manufacturera

د انجمن ماسټران د توليدی منځنی طبقی له خوا له يوي خوا ټيل وهلی وو

La división del trabajo entre los diferentes gremios corporativos desapareció

د مختلفو شرکتونو د انجمنونو تر منځ د کار ويش له منځه ولاړل

La división del trabajo penetraba en cada uno de los talleres

د کار ویش په هر ورکشاپ کې نفوذ وکړ

Mientras tanto, los mercados seguían creciendo y la demanda seguía aumentando

په عین وخت کې، بازارونه هر وخت په وده کې وو، او تقاضا هر وخت په لوړیدو وه

Ni siquiera las fábricas bastaban para satisfacer las demandas

حتی فابریکي هم د غوښتنو پوره کولو لپاره کافي نه وو

A partir de entonces, el vapor y la maquinaria revolucionaron la producción industrial

پس از آن ، بخار و ماشین آلات انقلابی در تولید صنعتی ایجاد کردند

El lugar de la manufactura fue ocupado por el gigante, la Industria Moderna

د تولید ځای د غول ، عصری صنعت لخوا ونیول شو

El lugar de la clase media industrial fue ocupado por millonarios industriales

د صنعتی منځنۍ طبقې ځای د صنعتی میلیونرانو لخوا ونیول شو

el lugar de los jefes de ejércitos industriales enteros fue ocupado por la burguesía moderna

د ټولو صنعتی لښکرو د مشرانو ځای د معاصر بورژوازی له خوا ونیول شو

el descubrimiento de América allanó el camino para que la industria moderna estableciera el mercado mundial

د امریکا کشف د عصری صنعت لپاره لاره هواره کړه ترڅو نړیوال بازار جوړ کړی

Este mercado dio un inmenso desarrollo al comercio, la navegación y la comunicación por tierra

دې بازار د ځمکي له لاري د سوداګری، کښتیو او اړیکو ته بی ساري پرمختگ ورکړ

Este desarrollo ha repercutido, en su momento, en la extensión de la industria

دا پرمختگ په خپل وخت کې د صنعت د پراختیا په اړه غبرګون ښودلی دی

Reaccionó en proporción a cómo se extendía la industria, y cómo se extendían el comercio, la navegación y los ferrocarriles

دا په تناسب غبرگون بنیی چي خُنگه صنعت پراخ شو ، او خُنگه سوداگری ، ناوبری او د اورگادۍ پټلی پراخه شوه

en la misma proporción en que la burguesía se desarrolló, aumentó su capital

به همان نسبت که بورژوازی توسعه داد ، سرمایه خود را افزایش دادند

y la burguesía relegó a un segundo plano a todas las clases heredadas de la Edad Media

و بورژوازی هر طبقه ای را که از قرون وسطی به ارث رسیده بود ، به پس زمینه هل داد

por lo tanto, la burguesía moderna es en sí misma el producto de un largo curso de desarrollo

بنابراین بورژوازی مدرن خود محصول یک دوره طولانی توسعه است

Vemos que es una serie de revoluciones en los modos de producción y de intercambio

ما می بینیم که این یک سلسله انقلابات در شیوه های تولید و مبادله است

Cada paso de la burguesía desarrollista iba acompañado de un avance político correspondiente

هر پرمختیایی بورژوازی گام د سیاسی پرمختگ سره مل و

Una clase oprimida bajo el dominio de la nobleza feudal

د فیودال اشرافیت تر نفوذ لاندي مظلوم طبقه

una asociación armada y autónoma en la comuna medieval

یک انجمن مسلح و خود مختار در کمون قرون وسطی

aquí, una república urbana independiente (como en Italia y Alemania)

دلته ، یو خپلواک بنارى جمهوریت)لکه په ایتالیا او جرمنی کي(

allí, un "tercer estado" imponible de la monarquía (como en Francia)

هلته ، د سلطنت د مالیاتو ور "دریمه دولته")لکه په فرانسه(

posteriormente, en el período de fabricación propiamente dicho

وروسته، د تولید په وخت کی مناسب

la burguesía servía a la monarquía semifeudal o a la monarquía absoluta

بورژوازی یا نیمه فیودالی یا مطلقه سلطنت خدمت کاوه

o la burguesía actuaba como contrapeso contra la nobleza

یا بورژوازی د اشرافیانو په وراندی د یو متقابل عمل په توګه عمل وکړ

y, de hecho, la burguesía era una piedra angular de las
grandes monarquías en general

او په حقیقت کې بورژوازی په تولیز دول د سترو سلطنتونو د بنست ډبره
وه

pero la industria moderna y el mercado mundial se
establecieron desde entonces

خو عصری صنعت او نړیوال بازار له هغه وخت راهیسی خپل ځان
جوړ کړ

y la burguesía ha conquistado para sí el dominio político
exclusivo

و بورژوازی برای خود حاکمیت سیاسی انحصاری را تسخیر کرده است

logró esta influencia política a través del Estado
representativo moderno

این نفوذ سیاسی را از طریق نماینده دولت مدرن به دست آورد

Los ejecutivos del Estado moderno no son más que un
comité de gestión

د مدرن دولت اجرائیوی چارواکی یوازې یوه مدیریتی کمیته ده

y manejan los asuntos comunes de toda la burguesía

او د ټول بورژوازی ګډی چاري سمبالوی

La burguesía, históricamente, ha desempeñado un papel
muy revolucionario

بورژوازی ، از لحاظ تاریخی ، بسیار انقلابی نقش داشته است

Dondequiera que se impuso, puso fin a todas las relaciones
feudales, patriarcales e idílicas

هر چېرته چې یې برتری ترلاسه کړه ، ټولې فیودالی ، پدرسالارانه او
بت لرونکي اړیکي یې پای ته ورسولي

Ha roto sin piedad los abigarrados lazos feudales que unían
al hombre con sus "superiores naturales"

این بی رحمانه روابط مختلف فیودالی را که انسان را به "مافوقان
طبیعی "خود پیوند می داد ، پاره کرده است

y no ha dejado ningún nexo entre el hombre y el hombre,
más allá del puro interés propio

و هیچ رابطه ای بین انسان و انسان باقی نمانده است ، به جز منافع
شخصی برهنه

Las relaciones del hombre entre sí se han convertido en nada
más que un cruel "pago en efectivo"

"روابط انسان با یکدیگر به چیزی بیش از بی رحمانه "پرداخت نقدی
تبدیل نشده است

Ha ahogado los éxtasis más celestiales del fervor religioso

دا د مذهبی جذبی تر تولو آسمانی وجد غرق کری دی

ha ahogado el entusiasmo caballeresco y el sentimentalismo
filisteo

این شور و شوق جوانمردانه و احساسات فلسفی را غرق کرده است

ha ahogado estas cosas en el agua helada del cálculo egoísta

این چیزها را در آب یخ زده محاسبات خودخواهانه غرق کرده است

Ha resuelto el valor personal en valor de cambio

دا شخصی ارزښت د تبادلی ور ارزښت ته حل کری دی

Ha sustituido a las innumerables e imprescriptibles
libertades estatutarias

این جایګزین بی شمار و غیر قابل دفاع منشور آزادی ها شده است

y ha establecido una libertad única e inconcebible; Libre
cambio

و یک آزادی واحد و بی وجدان را ایجاد کرده است .ازادي سوداګری

En una palabra, lo ha hecho para la explotación

در یک کلمه ، این کار را برای استثمار انجام داده است

explotación velada por ilusiones religiosas y políticas

استثمار د مذهبی او سیاسی توهماتو په وسیله پرده پورته کوی

explotación velada por una explotación desnuda,
desvergonzada, directa, brutal

استثمار پوشیده از برهنه، بی شرم، مستقیم، وحشیانه استثمار

la burguesía ha despojado de la aureola a todas las
ocupaciones anteriormente honradas y veneradas

بورژوازی هاله را از هر شغل محترم و محترم قبلی محروم کرده است

el médico, el abogado, el sacerdote, el poeta y el hombre de
ciencia

طبیب ، وکیل ، کشیش ، شاعر او د ساینس سری

Ha convertido a estos distinguidos trabajadores en sus
trabajadores asalariados

این کارگران ممتاز را به مزدوری مزدوران خود تبدیل کرده است

La burguesía ha rasgado el velo sentimental de la familia

بورژوازی پرده احساساتی را از خانواده جدا کرده است

y ha reducido la relación familiar a una mera relación monetaria

او کورنی اړیکي یی یوازي د پیسو اړیکي ته راتیتی کړي

el brutal despliegue de vigor en la Edad Media que tanto admiran los reaccionarios

نمایش وحشیانه نیرو در قرون وسطی که ارتجاعی ها بسیار تحسین می کنند

Aun esto encontró su complemento adecuado en la más perezosa indolencia

حتی دا هم په دېبرو سستی کې خپل مناسب بشپړتیا وموندله

La burguesía ha revelado cómo sucedió todo esto

بورژوازی فاش کرده است که چگونه این همه اتفاق افتاد

La burguesía ha sido la primera en mostrar lo que la actividad del hombre puede producir

بورژوازی اولین کسی بود که نشان داد که فعالیت انسان چه چیزی می تواند به ارمغان بیاورد

Ha logrado maravillas que superan con creces las pirámides egipcias, los acueductos romanos y las catedrales góticas

دا حیرانوونکی کارونه ترسره کړی دی چي د مصر اهرامو، رومی قناتو، او گوتیک کلیساگانو څخه ډیر زیات دی

y ha llevado a cabo expediciones que han hecho sombra a todos los antiguos Éxodos de naciones y cruzadas

او هغه لښکري ترسره کړي چي د ملتونو او صلیبی جگړو ټولی پخوانی هجرت یی په سیوری کې اچولی دی

La burguesía no puede existir sin revolucionar constantemente los instrumentos de producción

بورژوازی بدون انقلابی مداوم در ابزار تولید نمی تواند وجود داشته باشد

y, por lo tanto, no puede existir sin sus relaciones con la producción

و به این ترتیب بدون ارتباط با تولید وجود ندارد

y, por lo tanto, no puede existir sin sus relaciones con la sociedad

او له دې امله له ټولنی سره د اړیکو پرته نه شی کېدای

Todas las clases industriales anteriores tenían una condición en común

تولو پخوانيو صنعتي طبقو يو مشترک شرط درلود

Confiaban en la conservación de los antiguos modos de producción

دوی د توليد د زرو بنو په ساتنه تکيه کوی

pero la burguesía trajo consigo una dinámica completamente nueva

اما بورژوازی يک ديناميک کاملا جديد را با خود به ارمغان آورد

Revolucionar constantemente la producción y perturbar ininterrumpidamente todas las condiciones sociales

انقلاب مداوم در توليد و اختلال بی وقفه در تمام شرايط اجتماعی

esta eterna incertidumbre y agitación distingue a la época burguesa de todas las anteriores

دغه ابدی بی يقينی او تحريک، بورژوازی دوري له تولو پخوانيو دورو څخه متمايز کوی

Las relaciones previas con la producción vinieron acompañadas de antiguos y venerables prejuicios y opiniones

روابط قبلی با توليد با تعصبات و نظريات قديمی و محترم همراه بود

Pero todas estas relaciones fijas y congeladas son barridas

اما همه اين روابط ثابت و سريع منجمد شده از بين رفته اند

Todas las relaciones recién formadas se vuelven anticuadas antes de que puedan osificarse

تولی نوي جوړي شوي اريکي مخکي له دي چي متحجر شی زاره کيږی

Todo lo que es sólido se derrite en el aire, y todo lo que es santo es profanado

هر څه چی جامد دی په هوا کی ويلی کيږی ، او هر هغه څه چی مقدس دی بی حرمتی کيږی

El hombre se ve finalmente obligado a afrontar con sus sentidos sobrios sus verdaderas condiciones de vida

انسان بالاخره مجبور می شود با حواس هوشيار ، شرايط واقعی زندگی خود روبرو شود

y se ve obligado a afrontar sus relaciones con los de su especie

او مجبور دی چي له خپل دول سره د خپلو اريکو سره مخامخ شی

La burguesía necesita constantemente ampliar sus mercados para sus productos

بورژوازی به طور مداوم نیاز دارد تا بازارهای خود را برای محصولات خود گسترش دهد

y, debido a esto, la burguesía es perseguida por toda la superficie del globo

او له همدي امله بورژوازی د نړۍ په ټوله سطحه تعقیب کېږی

La burguesía debe anidar en todas partes, establecerse en todas partes, establecer conexiones en todas partes

بورژوازی باید په هر ځای کې ځای پر ځای شی ، په هر ځای کې ځای پر ځای شی ، په هر ځای کې اړیکي ټینګي کړی

La burguesía debe crear mercados en todos los rincones del mundo para explotar

بورژوازی باید بازارها را در هر گوشه جهان ایجاد کند تا از آن بهره برداری کند

La producción y el consumo en todos los países han adquirido un carácter cosmopolita

تولید و مصرف در هر کشور به یک ماهیت جهانی داده شده است

el disgusto de los reaccionarios es palpable, pero ha continuado a pesar de todo

غم ارتجاعی ها قابل لمس است ، اما بدون در نظر گرفتن ادامه دارد

La burguesía ha sacado de debajo de los pies de la industria el terreno nacional en el que se encontraba

، بورژوازی از زیر پینو صنعت ، زمین ملی را که در آن ایستاده بود بیرون کشیده است

Todas las industrias nacionales de vieja data han sido destruidas, o están siendo destruidas diariamente

ټول پخوانی ملی صنایعو له منځه تللی دی ، یا هره ورځ له منځه ځی

Todas las viejas industrias nacionales son desplazadas por las nuevas industrias

ټول زاړه ملی صنایع د نویو صنایعو له خوا له منځه ځی

Su introducción se convierte en una cuestión de vida o muerte para todas las naciones civilizadas

معرفی آنها به یک سوال مرگ و زندگی برای تمام ملت های متمدن تبدیل می شود

son desalojados por industrias que ya no trabajan con
materia prima autóctona

دوی د صنایعو لخوا بی ځایه کیږی چی نور د بومی خام موادو کار نه
کوی

En cambio, estas industrias extraen materias primas de las
zonas más remotas

په عوض کی، دا صنعتونه خام مواد له لري پرتو سیمو څخه راباسی

industrias cuyos productos se consumen, no solo en el país,
sino en todos los rincones del mundo

صنایع که محصولات آنها نه تنها در خانه بلکه در هر نقطه از جهان
مصرف می شود

En lugar de las viejas necesidades, satisfechas por las
producciones del país, encontramos nuevas necesidades

به جای خواسته های قدیمی ، که از تولیدات کشور راضی می شود ، ما
خواسته های جدیدی پیدا می کنیم

Estas nuevas necesidades requieren para su satisfacción los
productos de tierras y climas lejanos

دا نوي غوښتنی د هغوی د ارضای لپاره د لري پرتو ځمکو او اقلیمی
محصولاتو ته ارتیا لری

En lugar de la antigua reclusión y autosuficiencia local y
nacional, tenemos el comercio

به جای انزوا و خودکفایی قدیمی محلی و ملی ، ما تجارت داریم

intercambio internacional en todas las direcciones;
Interdependencia universal de las naciones

تبادله بین المللی در هر جهت ؛ د ملتونو نړیوال متقابل وابستګی

Y así como dependemos de los materiales, también
dependemos de la producción intelectual

و همانطور که ما به مواد وابسته هستیم ، ما نیز به تولید فکری وابسته
هستیم

Las creaciones intelectuales de las naciones individuales se
convierten en propiedad común

د انفرادی ملتونو فکری تخلیقات د مشترک ملکیت ګرځی

La unilateralidad nacional y la estrechez de miras se vuelven
cada vez más imposibles

ملی یو ارخیزه توب او تنګ نظری ورځ تر بلی ناممکنه کیږی

y de las numerosas literaturas nacionales y locales, surge una
literatura mundial

او د کنۍ شمېر ملي او محلي ادبياتو څخه ، يو نړيوال ادبيات را پورته
کېږي

por el rápido perfeccionamiento de todos los instrumentos
de producción

د توليد د تولو وسايلو د چټک پرمختګ له لاري

por los medios de comunicación inmensamente facilitados

د اړيکو د بې ساري اسانتياوو له لاري

La burguesía atrae a todos (incluso a las naciones más
bárbaras) a la civilización

بورژوازی همه)حتی وحشی ترین ملت ها (را به تمدن می کشاند

Los precios baratos de sus mercancías; la artillería pesada
que derriba todas las murallas chinas

د هغه د اجناسو ارزانه بيه ؛ دروند توپخاني چي د چين ټول ديوالونه
وران کوي

El odio intensamente obstinado de los bárbaros hacia los
extranjeros se ve obligado a capitular

نفرت شدید وحشی ها از خارجیان مجبور به تسلیم شدن می شود

Obliga a todas las naciones, bajo pena de extinción, a
adoptar el modo de producción burgués

این امر تمام ملت ها را مجبور می کند تا شیوه تولید بورژوازی را اتخاذ
کنند

los obliga a introducir lo que llama civilización en su seno

دا هغوی دي ته اړ کوي چي هغه څه چي تمدن بولي د دوی په منځ کي
معرفي کړي

La burguesía obliga a los bárbaros a convertirse ellos
mismos en burgueses

بورژوازي بربريان دي ته اړ باسي چي خپله بورژوازي شي

en una palabra, la burguesía crea un mundo a su imagen y
semejanza

در یک کلام، بورژوازی جهان را پس از تصویر خود خلق می کند

La burguesía ha sometido el campo al dominio de las
ciudades

بورژوازی روستاها را تحت حاکمیت شهرها قرار داده است

Ha creado enormes ciudades y ha aumentado considerablemente la población urbana

دا لوی ښارونه جوړ کړی او د ښاری نفوس یی ډیر زیات کړی دی

Rescató a una parte considerable de la población de la idiotez de la vida rural

دی د خلکو یوه مهمه برخه د کلیوالی ژوند له حماقت څخه وژغورله

pero ha hecho que los del campo dependan de las ciudades

خو د کلیوالو سیمو خلک یی په ښارونو پوری تړلی کړی دی

y asimismo, ha hecho que los países bárbaros dependan de los civilizados

و به همین ترتیب ، کشورهای بربر را وابسته به کشورهای متمدن کرده است

naciones de campesinos sobre naciones de la burguesía, el Este sobre el Oeste

ملت دهقانان بر ملت های بورژوازی ، شرق در غرب

La burguesía suprime cada vez más el estado disperso de la población

بورژوازی بیش از پیش دولت پراکنده مردم را از بین می برد

Ha aglomerado la producción y ha concentrado la propiedad en pocas manos

این تولید را جمع آوری کرده است ، و دارایی را در چند دست متمرکز کرده است

La consecuencia necesaria de esto fue la centralización política

نتیجه ضروری این امر تمرکز سیاسی بود

Había habido naciones independientes y provincias poco conectadas

خپلواکه ملتونه او په پراخه کچه سره تړلی ولایتونه وو

Tenían intereses, leyes, gobiernos y sistemas tributarios separados

دوی جلا ګټی ، قوانین ، حکومتونه او د مالیاتو سیستمونه درلودل

pero se han agrupado en una sola nación, con un solo gobierno

اما آنها در یک ملت ، با یک دولت جمع شده اند

Ahora tienen un interés nacional de clase, una frontera y un arancel aduanero

آنها اکنون دارای یک منافع طبقاتی ملی ، یک سرحد و یک تعرفه
گمرکی هستند

Y este interés nacional de clase está unificado bajo un solo
código de leyes

و این منافع طبقاتی ملی تحت یک قانون متحد شده است

la burguesía ha logrado mucho durante su gobierno de
apenas cien años

بورژوازی در طول صد سال حاکمیت خود دستاوردهای زیادی داشته
است

fuerzas productivas más masivas y colosales que todas las
generaciones precedentes juntas

د پخوانيو نسلونو په پرتله ډير عظيم او عظيم توليدى ځواکونه

Las fuerzas de la naturaleza están subyugadas a la voluntad
del hombre y su maquinaria

نیروهای طبیعت تابع اراده انسان و ماشین او هستند

La química se aplica a todas las formas de industria y tipos
de agricultura

کيميا د صنعت په ټولو ډولونو او د زراعت په ډولونو کې کارول کيږی

la navegación a vapor, los ferrocarriles, los telégrafos
eléctricos y la imprenta

د بخار لارښوونه، د اورګاډۍ پټلۍ، برقی تلګراف، او د چاپ مطبعه

desbroce de continentes enteros para el cultivo, canalización
de ríos

د کرنې لپاره د ټولو لويو وچو پاکول ، د سيندونو کانال کول

Poblaciones enteras han sido sacadas de la tierra y puestas a
trabajar

ټول نفوس له ځمکی څخه راويستل شوی او په کار اچول شوی دی

¿Qué siglo anterior tuvo siquiera un presentimiento de lo
que podría desencadenarse?

کدام قرن اول حتی یک پیش بینی داشت که چه چیزی می توانست آزاد
شود؟

¿Quién predijo que tales fuerzas productivas dormitaban en
el regazo del trabajo social?

چه کسی پیش بینی کرده بود که چنین نیروهای تولیدی در دامن کار
اجتماعی خوابیده می شوند ؟

Vemos, pues, que los medios de producción y de
intercambio se generaban en la sociedad feudal

پس می بینیم که وسایل تولید و مبادله در جامعه فیودالی تولید شده است

los medios de producción sobre cuyos cimientos se
construyó la burguesía

وسیله تولید که بورژوازی خود را بر اساس آن بنا نهاد

En una determinada etapa del desarrollo de estos medios de
producción y de intercambio

د تولید او تبادلی د دې وسایلو د پراختیا په یوه ټاکلی پړاو کی

las condiciones bajo las cuales la sociedad feudal producía e
intercambiaba

شرایط که تحت آن جامعه فیودالی تولید و مبادله می شود

La organización feudal de la agricultura y la industria
manufacturera

د زراعت او تولیدی صنعت فیودالی سازمان

Las relaciones feudales de propiedad ya no eran compatibles
con las condiciones materiales

د ملکیت فیودالی اریکی نور د مادی شرایطو سره سمون نه خوری

Tuvieron que ser reventados en pedazos, por lo que fueron
reventados en pedazos

دوی باید ټوټی ټوټی شوی وای ، نو ټوټی ټوټی شول

En su lugar entró la libre competencia de las fuerzas
productivas

د هغوی پر ځای د تولیدی ځواکونو ځخه آزاده رقابت گام واخیست

y fueron acompañadas de una constitución social y política
adaptada a ella

او له دوی سره یو ټولنیز او سیاسی اساسی قانون هم ورسره مل و ، چی له
هغه سره تطابق درلود

y fue acompañado por el dominio económico y político de la
burguesía

و با نفوذ اقتصادی و سیاسی طبقه بورژوازی همراه بود

Un movimiento similar está ocurriendo ante nuestros
propios ojos

یو ورته حرکت زمور د سترگو په وراندی روان دی

La sociedad burguesa moderna con sus relaciones de
producción, de intercambio y de propiedad

جامعه بورژوازی مدرن با روابط توليد، مبادله و مالكيت

una sociedad que ha conjurado medios de producción y de
intercambio tan gigantescos

جامعه ای که چنين وسيله های عظيم توليد و مبادله را به وجود آورده
است

Es como el hechicero que invocó los poderes del mundo
inferior

دا د هغه جادوگر په خبر دی چی د لاندي نړی قوتونه یي راوغوښتل

Pero ya no es capaz de controlar lo que ha traído al mundo

خو هغه نور نه شی کولای هغه څه کنترول کړی چی نړی ته یي راوری
. دی

Durante muchas décadas, la historia pasada estuvo unida
por un hilo conductor

برای چندين دهه تاريخ گذشته با يک تار مشترک پيوند خورده بود

La historia de la industria y del comercio no ha sido más que
la historia de las revueltas

د صنعت او سوداگری تاريخ د بغاوتونو تاريخ دی

las revueltas de las fuerzas productivas modernas contra las
condiciones modernas de producción

د توليد د عصری شرايطو په وراندي د عصری توليدی ځواکونو بغاوتونه

Las revueltas de las fuerzas productivas modernas contra las
relaciones de propiedad

شورش نيروهای توليدی مدرن عليه روابط مالكيت

estas relaciones de propiedad son las condiciones para la
existencia de la burguesía

اين روابط مالكيت شرايط وجود بورژوازی است

y la existencia de la burguesía determina las reglas de las
relaciones de propiedad

و وجود بورژوازی قواعد روابط مالكيت را تعيين می کند

Baste mencionar el retorno periódico de las crisis
comerciales

کافی است که به بازگشت دوره ای بحران های تجاری اشاره کنيم

cada crisis comercial es más amenazante para la sociedad
burguesa que la anterior

هر سوداگريز بحران د بورژوازی تولنی ته تر پخوا زيات گواښ دی

En estas crisis se destruye gran parte de los productos existentes

په دي بحرانونو کې د موجوده تولیداتو یوه لویه برخه له منځه ځی

Pero estas crisis también destruyen las fuerzas productivas previamente creadas

اما این بحران ها نیروهای تولیدی قبلی را نیز از بین می برد

En todas las épocas anteriores, estas epidemias habrían parecido un absurdo

په تولو پخوانیو دورو کې دا اپیدمی به یو پوچ بنکاره شوی وی

porque estas epidemias son las crisis comerciales de la sobreproducción

ځکه دغه اپیدمی د زیات تولید تجارتی بحرانونه دی .

De repente, la sociedad se encuentra de nuevo en un estado de barbarie momentánea

تولنه ناڅاپه خپل ځان بېرته د لحظاتی بربریت په حالت کی ومومی

como si una guerra universal de devastación hubiera cortado todos los medios de subsistencia

گویی یک جنگ جهانی ویجارانی تمام وسایل معیشت را قطع کرده است

la industria y el comercio parecen haber sido destruidos; ¿Y por qué?

داسی بنکاری چی صنعت او سوداگری له منځه تللی دی .او ولی؟

Porque hay demasiada civilización y medios de subsistencia

د افغانستان د کرکټ ملی لوبډله د افغانستان د کرکټ ملی لوبډلی ته د

افغانستان د کرکټ ملی لوبډلی ته د د پام ور زیاتوالی ورکوی .

y porque hay demasiada industria y demasiado comercio

او له دی امله چی صنعت ډېر دی ، او سوداگری ډېره ده

Las fuerzas productivas a disposición de la sociedad ya no desarrollan la propiedad burguesa

نیروهای تولیدی که در اختیار جامعه هستند ، دیگر مالکیت بورژوازی را توسعه نمی دهند

por el contrario, se han vuelto demasiado poderosos para estas condiciones, por las cuales están encadenados

برعکس ، هغوی د دی شرایطو له پاره ډېر ځواکمن شوی دی ، چی په هغه کی ترل شوی دی

tan pronto como superan estas cadenas, traen el desorden a toda la sociedad burguesa

به محض اینکه بر این زنجیرها غلبه کنند ، در تمام جامعه بورژوازی
بی نظمی ایجاد می کنند

y las fuerzas productivas ponen en peligro la existencia de la
propiedad burguesa

و نیروهای تولیدی موجودیت مالکیت بورژوازی را به خطر می اندازند

Las condiciones de la sociedad burguesa son demasiado
estrechas para abarcar la riqueza creada por ellas

شرایط جامعه بورژوازی آنقدر تنگ است که نمی تواند ثروت ایجاد شده
توسط آنها را در بر بگیرد

¿Y cómo supera la burguesía estas crisis?

و بورژوازی چگونه می تواند بر این بحران ها غلبه کند ؟

Por un lado, supera estas crisis mediante la destrucción
forzada de una masa de fuerzas productivas

از یک طرف ، این بحران ها را با نابودی اجباری توده ای از نیروهای
تولیدی غلبه می کند

por otro lado, supera estas crisis mediante la conquista de
nuevos mercados

از سوی دیگر ، با تسخیر بازارهای جدید ، بر این بحران ها غلبه می کند

y supera estas crisis mediante la explotación más completa
de las viejas fuerzas productivas

و با بهره برداری کامل از نیروهای تولیدی قدیمی ، بر این بحران ها
غلبه می کند

Es decir, allanando el camino para crisis más extensas y
destructivas

به عبارت دیگر ، با هموار کردن راه برای بحران های گسترده تر و
مخرب تر

supera la crisis disminuyendo los medios para prevenir las
crisis

این بحران را با کاهش وسایل جلوگیری از بحران ها غلبه می کند

Las armas con las que la burguesía derribó el feudalismo se
vuelven ahora contra sí misma

سلاح هایی که بورژوازی با آن فئودالیسم را به زمین انداخت ، اکنون
علیه خود چرخانده شده است

Pero la burguesía no sólo ha forjado las armas que le dan la
muerte

اما نه تنها بورژوازی سلاح هایی را ساخته است که مرگ را به ارمغان می آورد

También ha llamado a la existencia a los hombres que han de empuñar esas armas

دا هم هغه کسان را بلل شوی چی باید دا وسلي په کار واچوی

Y estos hombres son la clase obrera moderna; Son los proletarios

و این افراد طبقه کارگر مدرن هستند. آنها پرولتاریا هستند

En la misma proporción en que se desarrolla la burguesía, en la misma proporción se desarrolla el proletariado

به همان نسبت که بورژوازی توسعه می یابد ، پرولتاریا به همان نسبت رشد می کند

La clase obrera moderna desarrolló una clase de trabajadores

مدرن کارگر طبقه ای از کارگران را توسعه داد

Esta clase de obreros vive sólo mientras encuentran trabajo

دا طبقه کارگران یوازي تر هغه وخته ژوند کوی چی کار پیدا کړی

y sólo encuentran trabajo mientras su trabajo aumenta el capital

او دوی یوازي تر هغه وخته کار پیدا کوی چی د دوی کار سرمایه زیاته کړی

Estos obreros, que deben venderse a destajo, son una mercancía

این کارگران ، که باید خود را به صورت تکه تکه بفروشند ، یک کالا هستند

Estos obreros son como cualquier otro artículo de comercio

دا کارگران د سوداگری د نورو توکو په خبر دی

y, en consecuencia, están expuestos a todas las vicisitudes de la competencia

و در نتیجه آنها در معرض تمام فراز و نشیب های رقابت قرار می گیرند

Tienen que capear todas las fluctuaciones del mercado

دوی باید د بازار د تولو نوساناتو سره مقابله وکړی

Debido al uso extensivo de maquinaria y a la división del trabajo

د ماشینونو د پراخ استعمال او د کار ویش له امله

El trabajo de los proletarios ha perdido todo carácter individual

کار پرولتاریا تمام خصلت فردی را از دست داده است

y, en consecuencia, el trabajo de los proletarios ha perdido todo encanto para el obrero

و در نتیجه ، کار پرولتاریا برای کارگر جذابیت خود را از دست داده است

Se convierte en un apéndice de la máquina, en lugar del hombre que una vez fue

هغه د ماشین ضمیمه جوړیږی، نه هغه سړی چې یو وخت و

Sólo se requiere de él la habilidad más simple, monótona y más fácil de adquirir

یوازي تر ټولو ساده ، یکنواخت ، او تر ټولو په اسانی سره ترلاسه شوی مهارت له هغه څخه اړین دی

Por lo tanto, el costo de producción de un trabajador está restringido

له دی امله د یو کارگر د تولید لګښت محدود دی

se restringe casi por completo a los medios de subsistencia que necesita para su manutención

دا تقریباً په بشپړه توگه د معیشت په وسایلو پوري محدود دی چی هغه د خپل نفقی لپاره ورته اړتیا لری

y se restringe a los medios de subsistencia que necesita para la propagación de su raza

او دا یوازي په هغو وسایلو پوري محدود دی چی هغه د خپل نژاد د ترویج لپاره ورته اړتیا لری

Pero el precio de una mercancía, y por lo tanto también del trabajo, es igual a su costo de producción

اما قیمت یک کالا ، و در نتیجه قیمت کار ، برابر با هزینه تولید آن است

Por lo tanto, a medida que aumenta la repulsividad del trabajo, disminuye el salario

بنابراین ، به تناسب ، هرچه نفرت از کار افزایش می یابد ، دستمزد کاهش می یابد

Es más, la repulsión de su obra aumenta a un ritmo aún mayor

نه ، د هغه د کار کرکه حتی په زیاته کچه کچه زیاتیږی

A medida que aumenta el uso de maquinaria y la división del trabajo, también lo hace la carga del trabajo

هر څومره چي د ماشينونو کارول او د کار ويش زياتيږي ، د زحمت بار هم زياتيږي

La carga del trabajo se incrementa con la prolongación de las horas de trabajo

د کار د ساعتونو په اوږدولو سره د زحمت بار زياتيږي

Se espera más del obrero en el mismo tiempo que antes

د پخوا په خير له کارګر څخه ډير تمه کيږي

Y, por supuesto, la carga del trabajo aumenta por la velocidad de la maquinaria

و البته بار زحمت با سرعت ماشين افزايش می يابد

La industria moderna ha convertido el pequeño taller del amo patriarcal en la gran fábrica del capitalista industrial

عصری صنعت د پدرسالار استاد کوچنی ورکشاپ د صنعتی سرمايه دار په ستره فابريکه بدل کړی دی

Las masas de obreros, hacinados en la fábrica, están organizadas como soldados

توده کارگران ، که در کارخانه جمع شده اند ، مانند سربازان سازماندهی شده اند

Como soldados rasos del ejército industrial están bajo el mando de una jerarquía perfecta de oficiales y sargentos

د صنعتی پوځ د سرتيرو په توګه دوی د افسرانو او بريدملانو د بشپړ سلسله مراتب تر قوماندي لاندي قرار لري

no sólo son esclavos de la burguesía y del Estado

آنها نه تنها غلامان طبقه بورژوازی و دولت هستند

pero también son esclavizados diariamente y cada hora por la máquina

مګر دوی هم هره ورځ او هر ساعت د ماشين غلامان دی

están esclavizados por el vigilante y, sobre todo, por el propio fabricante burgués

هغوی د ناظر او تر ټولو مهم د بورژوازی جوړوونکی له خوا غلامان دی

Cuanto más abiertamente proclama este despotismo que la ganancia es su fin y su fin, tanto más mezquino, más odioso y más amargo es

هر چه اين استبداد آشکارا منافع را هدف و هدف خود اعلام کند ، به همان اندازه کوچک تر ، نفرت انگيز تر و تلخ تر است

Cuanto más se desarrolla la industria moderna, menores son
las diferencias entre los sexos

هر څومره چي عصري صنعت پرمختللی وی، د جنسیت تر منځ
توپیرونه کمه کیږي

Cuanto menor es la habilidad y el ejercicio de la fuerza
implícitos en el trabajo manual, tanto más el trabajo de los
hombres es reemplazado por el de las mujeres

هر څومره چي په لاسی کار کي مهارت او څواک کم وی ، په هماغه
اندازه د نارینه وو کار د ښځو پر ځای کیږي

Las diferencias de edad y sexo ya no tienen ninguna validez
social distintiva para la clase obrera

تفاوت های سن و جنس دیګر برای طبقه کارګر هیچ اعتبار اجتماعی
متمایز ندارد

Todos son instrumentos de trabajo, más o menos costosos de
usar, según su edad y sexo

تول د کار وسایل دی ، چي د هغوی د عمر او جنس له مخي کارول کم و
بیش لګښت لري

tan pronto como el obrero recibe su salario en efectivo, es
atacado por las otras partes de la burguesía

کله چي کارګر خپل مزدوری په نغدو پیسو ترلاسه کوی ، نو د
بورژوازی نورو برخو پري کنل کیږي

el propietario, el tendero, el prestamista, etc

مالک خانه ، دکاندار ، ګرو دلال ، و غیره

Los estratos más bajos de la clase media; los pequeños
comerciantes y tenderos

د منځنی طبقی ټیټی طبقی ؛ په دی وروستیو کي د افغانستان په سهیل کي
د طالبانو د رژیم له مخي د طالبانو د رژیم له مخي د طالبانو د رژیم له
امله د دي هیواد د

los comerciantes jubilados en general, y los artesanos y
campesinos

متقاعد سوداګر په عمومی توګه ، او لاسی صنعتکاران او دهقانان

todo esto se hunde poco a poco en el proletariado

دا تول ورو ورو په پرولتاریا کي ډوب کیږي

en parte porque su minúsculo capital no basta para la escala
en que se desarrolla la industria moderna

بخشی از آن به این دلیل که سرمایه کوچک آنها برای مقیاس صنعت مدرن کافی نیست

y porque está inundada en la competencia con los grandes capitalistas

. او له دي امله چي د سترو پانگوالو سره په سیالی کې غرق دی

en parte porque sus habilidades especializadas se vuelven inútiles por los nuevos métodos de producción

بخشی از آن به این دلیل که مهارت های تخصصی آنها توسط روش های جدید تولید بی ارزش شده است

De este modo, el proletariado es reclutado entre todas las clases de la población

به این ترتیب پرولتاریا از تمام طبقات جمعیت جذب می شود

El proletariado pasa por varias etapas de desarrollo

پرولتاریا از مراحل مختلف رشد می گذرد

Con su nacimiento comienza su lucha con la burguesía

با تولد آن مبارزه با بورژوازی آغاز می شود

Al principio, la contienda es llevada a cabo por trabajadores individuales

په لومړی سر کې سیالی د انفرادی کارگرانو له خوا پر مخ ورل کیږی

Entonces el concurso es llevado a cabo por los obreros de una fábrica

بیا سیالی د یوی فابریکي د کارگرانو له خوا پر مخ ورل کیږی

Entonces la contienda es llevada a cabo por los operarios de un oficio, en una localidad

بیا سیالی د یوی سوداگری د کارکوونکو له خوا په یوه سیمه کې پر مخ ورل کیږی

y la contienda es entonces contra la burguesía individual que los explota directamente

و پس از آن رقابت در برابر بورژوازی است که مستقیما از آنها استثمار می کند

No dirigen sus ataques contra las condiciones de producción de la burguesía

آنها حملات خود را علیه شرایط تولید بورژوازی هدایت نمی کنند

pero dirigen su ataque contra los propios instrumentos de producción

اما آنها حمله خود را علیه وسایل تولید هدایت می کنند

destruyen mercancías importadas que compiten con su mano
de obra

دوی وارداتی توکی له منۍه وری چی د دوی د کار سره سیالی کوی

Hacen pedazos la maquinaria y prenden fuego a las fábricas

. هغوی ماشینونه توتي توتي کوی او فابریکي ته یي اور اچوی

tratan de restaurar por la fuerza el estado desaparecido del
obrero de la Edad Media

دوی هۍه کوی چی په زور د منځنیو پیریو د کارگر له منۍه تللی حیثیت
بیرته اعاده کړی

En esta etapa, los obreros forman todavía una masa
incoherente dispersa por todo el país

په دې پړاو کي کارگران اوس هم یوه نامنسجم ډله جوړوی چی په تول
هیواد کي خواره واره دی

y se rompen por su mutua competencia

او دوی د خپل د متقابل رقابت له امله مات شوی دی

Si en alguna parte se unen para formar cuerpos más
compactos, esto no es todavía la consecuencia de su propia
unión activa

، اگر آنها در هر جایی متحد شوند تا نهادهای فشرده تری را تشکیل دهند
این هنوز نتیجه اتحاد فعال آنها نیست

pero es una consecuencia de la unión de la burguesía, para
alcanzar sus propios fines políticos

اما این نتیجه اتحاد بورژوازی است ، تا اهداف سیاسی خود را بدست
آورد

la burguesía se ve obligada a poner en movimiento a todo el
proletariado

بورژوازی مجبور است که تمام پرولتاریا را به حرکت درآورد

y además, por un momento, la burguesía es capaz de hacerlo

علاوه بر این ، بورژوازی برای مدتی قادر به انجام این کار است

Por lo tanto, en esta etapa, los proletarios no luchan contra
sus enemigos

بنابراین ، در این مرحله ، پرولتاریا با دشمنان خود نمی جنگد

sino que están luchando contra los enemigos de sus
enemigos

. خو په عوض کي د دوی د خپلو دښمنانو سره جگړه کوی

la lucha contra los restos de la monarquía absoluta y los terratenientes

د مطلقه سلطنت د پاتي شونو او د زمیندارانو په وراندي مبارزه

luchan contra la burguesía no industrial; la pequeña burguesía

آنها با بورژوازی غیر صنعتی مبارزه می کنند. کوچنی بورژوازی

De este modo, todo el movimiento histórico se concentra en manos de la burguesía

به این ترتیب تمام جنبش تاریخی در دست بورژوازی متمرکز شده است

cada victoria así obtenida es una victoria para la burguesía

هر پیروزی چی په دي دول ترلاسه کیږی ، د بورژوازی لپاره یو بریالیتوب دی

Pero con el desarrollo de la industria, el proletariado no sólo aumenta en número

اما با پیشرفت صنعت ، نه تنها تعداد پرولتاریا افزایش می یابد

el proletariado se concentra en grandes masas y su fuerza crece

پرولتاریا در توده های بیشتر متمرکز می شود و قدرت آن افزایش می یابد

y el proletariado siente cada vez más esa fuerza

و پرولتاریا این قدرت را بیشتر و بیشتر احساس می کند

Los diversos intereses y condiciones de vida en las filas del proletariado se igualan cada vez más

منافع و شرایط مختلف زندگی در صفوف پرولتاریا بیشتر و بیشتر برابر می شوند

se vuelven más proporcionales a medida que la maquinaria borra todas las distinciones de trabajo

آنها نسبت بیشتری پیدا می کنند که ماشین همانطور که تمام تمایزات کار را از بین می برد

y la maquinaria reduce los salarios al mismo nivel bajo en casi todas partes

و ماشین آلات تقریبا در همه جا معاشات را به همان سطح پایین کاهش می دهند

La creciente competencia entre la burguesía, y las crisis comerciales resultantes, hacen que los salarios de los obreros sean cada vez más fluctuantes

، رقابت فزاینده بین بورژوازی و بحران های تجاری ناشی از آن
دستمزد کارگران را بیش از پیش نوسان می کند

La mejora incesante de la maquinaria, que se desarrolla cada
vez más rápidamente, hace que sus medios de vida sean cada
vez más precarios

د ماشینونو بی وقفه پرمختګ ، چی په چټکی سره پرمختګ کوی ، د
هغوی معیشت ورځ تر بلی خطرناکه کوی

los choques entre obreros individuales y burgueses
individuales toman cada vez más el carácter de choques
entre dos clases

تصادم بین کارگران منفرد و بورژوازی فردی بیش از پیش خصلت
تصادم بین دو طبقه را به خود می گیرد

A partir de ese momento, los obreros comienzan a formar
uniones (sindicatos) contra la burguesía

پس از آن کارگران شروع به تشکیل ترکیبی)اتحادیه های کارگری (
علیه بورژوازی می کنند

se agrupan para mantener el ritmo de los salarios

دوی سره یوځای کبان کوی تر خُو د معاشونو نرخ لور وساتی

Fundaron asociaciones permanentes para hacer frente de
antemano a estas revueltas ocasionales

هغوی دایمی اتحادیی پیدا کړی تر خُو د دي ګاه بلی پاڅون لپاره له
مخکی څخه چمتو کړی

Aquí y allá la contienda estalla en disturbios

دلته او هلته سیالی په بلواګرو بدله کیږی

De vez en cuando los obreros salen victoriosos, pero sólo por
un tiempo

ګاهی اوقات کارگران پیروز می شوند ، اما فقط برای مدتی

El verdadero fruto de sus batallas no reside en el resultado
inmediato, sino en la unión cada vez mayor de los
trabajadores

ثمره واقعی مبارزات آنها نه در نتیجه فوری ، بلکه در اتحادیه هر روز
در حال گسترش کارگران است

Esta unión se ve favorecida por la mejora de los medios de
comunicación creados por la industria moderna

دا اتحادیه د اریکو د پرمختللو وسایلو لخوا مرسته کیږی چی د عصری
صنعت لخوا ایجاد شوی دی

La comunicación moderna pone en contacto a los
trabajadores de diferentes localidades

عصرى اړيکي د مختلفو سيمو کارګران له يو بل سره په تماس کې اچوى

Era precisamente este contacto el que se necesitaba para
centralizar las numerosas luchas locales en una lucha
nacional entre clases

دا يوازي همدغه اړيکه وه چي د طبقاتو تر منځ د بي شميره محلى
مبارزو په يوه ملي مبارزه کي متمرکز شي

Todas estas luchas tienen el mismo carácter, y toda lucha de
clases es una lucha política

همه اين مبارزات داراى يک خصلت هستند ، و هر مبارزه طبقاتى يک
مبارزه سياسى است

los burgueses de la Edad Media, con sus miserables
carreteras, necesitaron siglos para formar sus uniones

د منځنيو پيړيو برګر ، د خپلو بدمرغه لويو لارو سره ، د خپلو اتحاديو د
جوړولو لپاره پيړيو ته اړتيا درلوده

Los proletarios modernos, gracias a los ferrocarriles, logran
sus sindicatos en pocos años

پرولتاريا مدرن ، به لطف راه آهن ، در عرض چند سال به اتحاديه هاى
خود دست مى يابند

Esta organización de los proletarios en una clase los formó,
por consiguiente, en un partido político

در نتيجه اين سازمان پرولتاريا در يک طبقه ، آنها را به يک حزب
سياسى شکل داد

La clase política se ve continuamente molesta por la
competencia entre los propios trabajadores

طبقه سياسى به طور مداوم از رقابت بين خود کارګران ناراحت مى شود

Pero la clase política sigue levantándose de nuevo, más
fuerte, más firme, más poderosa

اما طبقه سياسى دوباره به قيام ادامه مى دهد ، قوى تر ، محکم تر ، قوى
تر

Obliga al reconocimiento legislativo de los intereses
particulares de los trabajadores

اين قانون قانون را مجبور مى کند که منافع خاص کارګران را به
رسميت بشناسد

lo hace aprovechándose de las divisiones en el seno de la propia burguesía

دا کار په خپله د بورژوازی تر منځ د اختلافاتو څخه په ګټې اخیستنې سره کوی

De este modo, el proyecto de ley de las diez horas en Inglaterra se convirtió en ley

په دې توګه په انګلستان کې د لسو ساعتونو لایحه قانون ته وراندي شوه

en muchos sentidos, las colisiones entre las clases de la vieja sociedad son, además, el curso del desarrollo del proletariado

از بسیاری جهات تصادم بین طبقات جامعه قدیم ، مسیر پیشرفت پرولتاریا است

La burguesía se ve envuelta en una batalla constante

بورژوازی خود را در یک جنگ دائمی می بیند

Al principio se verá envuelto en una batalla constante con la aristocracia

په لومړی سر کي به دا خان د اشراف سره په دوامداره جګړه کې ښکیل ومومی

más tarde se verá envuelta en una batalla constante con esas partes de la propia burguesía

بعدا خود را درگیر یک نبرد دائمی با آن بخش های بورژوازی خواهد یافت

y sus intereses se habrán vuelto antagónicos al progreso de la industria

او د هغوی ګټی به د صنعت د پرمختګ سره متضاد شوی وی

en todo momento, sus intereses se habrán vuelto antagónicos con la burguesía de los países extranjeros

در هر زمان ، منافع آنها با بورژوازی کشورهای خارجی متضاد خواهد شد

En todas estas batallas se ve obligado a apelar al proletariado y pide su ayuda

در تمام این نبردها خود را مجبور می بیند که از پرولتاریا متوسل شود و از او کمک بخواهد

y, por lo tanto, se sentirá obligado a arrastrarlo a la arena política

و به این ترتیب ، مجبور خواهد بود که آن را به عرصه سیاسی بکشاند

La burguesía misma, por lo tanto, suministra al proletariado
sus propios instrumentos de educación política y general

بنابراین بورژوازی خود پرولتاریا را با وسایل سیاسی و عمومی آموزش
و پرورش فراهم می کند

en otras palabras, suministra al proletariado armas para
luchar contra la burguesía

به عبارت دیگر ، پرولتاریا را با سلاح هایی برای مبارزه با بورژوازی
فراهم می کند

Además, como ya hemos visto, sectores enteros de las clases
dominantes se precipitan en el proletariado

علاوه بر این ، همانطور که قبلا دیدیم ، تمام بخش های طبقات حاکم به
پرولتاریا وارد می شوند

el avance de la industria los absorbe en el proletariado

پیشرفت صنعت آنها را به پرولتاریا می کشاند

o, al menos, están amenazados en sus condiciones de
existencia

یا لږ تر لږه د خپل ژوند په شرایطو کی له ګواښ سره مخ دی

Estos también suministran al proletariado nuevos elementos
de ilustración y progreso

اینها همچنین پرولتاریا را با عناصر تازه روشنفکری و پیشرفت فراهم
می کند

Finalmente, en momentos en que la lucha de clases se acerca
a la hora decisiva

بالاخره ، در زمان هایی که مبارزه طبقاتی به ساعت تعیین کننده نزدیک
می شود

el proceso de disolución que se está llevando a cabo en el
seno de la clase dominante

د حاکمی طبقی په دننه کی د انحلال پروسه روانه ده

De hecho, la disolución que se está produciendo en el seno
de la clase dominante se sentirá en toda la sociedad

در حقیقت ، انحلال در داخل طبقه حاکم در تمام طیف جامعه احساس
خواهد شد

Tomará un carácter tan violento y deslumbrante, que un
pequeño sector de la clase dominante se quedará a la deriva

این چنان خشونت آمیز و آشکار به خود خواهد گرفت ، که یک بخش
کوچک از طبقه حاکم خود را سرگردان می کند

y esa clase dominante se unirá a la clase revolucionaria

او حاكمه طبقه به د انقلابی طبقی سره يو ځای شی .

La clase revolucionaria es la clase que tiene el futuro en sus manos

انقلابی طبقه طبقه ای است كه آينده را در دست دارد

Al igual que en un período anterior, una parte de la nobleza se pasó a la burguesía

لكه د پخوانی دوري په څېر ، د اشرافيانو يوه برخه بورژوازی ته ورسېده

de la misma manera que una parte de la burguesía se pasará al proletariado

همداسي به د بورژوازی يوه برخه پرولتاريا ته ورشی .

en particular, una parte de la burguesía pasará a una parte de los idéologos de la burguesía

به ويژه ، بخشی از بورژوازی به بخشی از ايدئولوژيست های بورژوازی می رسد

Ideólogos burgueses que se han elevado al nivel de comprender teóricamente el movimiento histórico en su conjunto

بورژوازی ايدئولوژيست ها كه خود را به سطح درک نظری جنبش تاريخی به عنوان يک كل ارتقا داده اند

De todas las clases que hoy se encuentran frente a frente con la burguesía, sólo el proletariado es una clase realmente revolucionaria

از ميان تمام طبقاتی كه امروز با بورژوازی رو در رو ايستاده اند ، تنها پرولتاريا واقعا يک طبقه انقلابی است

Las otras clases decaen y finalmente desaparecen frente a la industria moderna

نور طبقی زوال كوی او بالاخره د عصری صنعت په وراندي له منځه ځی

el proletariado es su producto especial y esencial

پرولتاريا محصول خاص و اساسی آن است

La clase media baja, el pequeño fabricante, el tendero, el artesano, el campesino

طبقه متوسط پايين ، كوچک توليد كننده ، دكاندار ، صنعتگر ، دهقان

todos ellos luchan contra la burguesía

دا ټول د بورژوازۍ په وراندي مبارزه کوي .

Luchan como fracciones de la clase media para salvarse de la extinción

دوی د منځنۍ طبقۍ د برخي په توګه مبارزه کوي ترڅو ځانونه له نابودۍ څخه وژغوري

Por lo tanto, no son revolucionarios, sino conservadores

بنابراین آنها انقلابی نیستند ، بلکه محافظه کار هستند

Más aún, son reaccionarios, porque tratan de hacer retroceder la rueda de la historia

نه علاوه بر این، آنها ارتجاعی هستند، زیرا آنها سعی می کنند چرخ تاریخ را به عقب برگردانند

Si por casualidad son revolucionarios, lo son sólo en vista de su inminente transferencia al proletariado

اگر آنها به طور تصادفی انقلابی باشند ، فقط با توجه به انتقال قریب الوقوع آنها به پرولتاریا چنین هستند

Por lo tanto, no defienden sus intereses presentes, sino sus intereses futuros

دوی په دي توګه نه د خپل اوسني ، بلکي د خپلو راتلونکو ګټو دفاع کوي

abandonan su propio punto de vista para situarse en el del proletariado

آنها از موضع خود دست می کشند تا خود را در موضع پرولتاریا قرار دهند

La "clase peligrosa", la escoria social, esa masa pasivamente putrefacta arrojada por las capas más bajas de la vieja sociedad

خطرناک طبقه "، تفاله های اجتماعی ، آن توده منفعلانه پوسیده شده" توسط پایین ترین لایه های جامعه قدیمی پرتاب می شود

pueden, aquí y allá, ser arrastrados al movimiento por una revolución proletaria

آنها ممکن است ، اینجا و آنجا ، توسط یک انقلاب پرولتری به جنبش کشیده شوند

Sus condiciones de vida, sin embargo, la preparan mucho más para el papel de un instrumento sobornado de la intriga reaccionaria

با این حال ، شرایط زندگی آن را برای بخشی از ابزار رشوت خورده دسیسه ارتجاعی آماده می کند

En las condiciones del proletariado, los de la vieja sociedad en general están ya virtualmente desbordados

در شرايط پرولتاريا ، جامعه های قديمی در سطح کلی در حال حاضر در واقع غرق شده اند

El proletario carece de propiedad

پرولتاريا فاقد مالکيت است

su relación con su mujer y sus hijos ya no tiene nada en común con las relaciones familiares de la burguesía

رابطه او با همسر و فرزندان او ديگر هيچ وجه مشترکی با روابط خانوادگی بورژوازی ندارد

el trabajo industrial moderno, el sometimiento moderno al capital, lo mismo en Inglaterra que en Francia, en Estados Unidos como en Alemania

مدرن صنعتی کار ، تابع مدرن سرمايه ، همان در انگلستان مانند فرانسه در آمريکا و در آلمان ،

Su condición en la sociedad lo ha despojado de todo rastro de carácter nacional

په ټولنه کې د هغه حالت هغه د ملی شخصيت له هر نښه څخه محروم کړی دی

El derecho, la moral, la religión, son para él otros tantos prejuicios burgueses

قانون ، اخلاق ، مذهب ، برای او بسياری از تعصبات بورژوازی است

y detrás de estos prejuicios acechan emboscados otros tantos intereses burgueses

و در پشت اين تعصبات به همان اندازه منافع بورژوازی در کمين نهفته است

Todas las clases precedentes que se impusieron trataron de fortalecer su estatus ya adquirido

ټولو پخوانيو طبقو چی برتری يی تر لاسه کړه، هڅه يی کوله چی خپل مخکی تر لاسه شوی دريخ پياوری کړی

Lo hicieron sometiendo a la sociedad en general a sus condiciones de apropiación

آنها اين کار را با تابع کردن جامعه به طور گسترده تحت شرايط تصرف خود انجام دادند

Los proletarios no pueden llegar a ser dueños de las fuerzas productivas de la sociedad

پرولتاریا نمی تواند بر نیروهای تولیدی جامعه حاکم شود

sólo puede hacerlo aboliendo su propio modo anterior de apropiación

این تنها با لغو شیوه قبلی تخصیص خود می تواند این کار را انجام دهد

y, por lo tanto, también suprime cualquier otro modo anterior de apropiación

او په دې توګه د تخصیص هر پخوانی حالت هم له منځه وړی

No tienen nada propio que asegurar y fortificar

هغوی د خپل ځان څخه هیڅ شی نه لری چی خوندی او قوی يي کړی .

Su misión es destruir todos los valores y seguros anteriores de la propiedad individual

د دوی ماموریت دا دی چی ټول پخوانی ضمانتونه د فردی ملکیت لپاره له منځه یوسی

Todos los movimientos históricos anteriores fueron movimientos de minorías

ټول پخوانی تاریخی غورځنګونه د اقلیتونو خوځښتونه وو

o eran movimientos en interés de las minorías

یا آنها جنبش هایی بودند که به نفع اقلیت ها بودند

El movimiento proletario es el movimiento consciente e independiente de la inmensa mayoría

جنبش پرولتری جنبش خود آگاه و مستقل اکثریت عظیم است

Y es un movimiento en interés de la inmensa mayoría

و این یک جنبش به نفع اکثریت مطلق است

El proletariado, el estrato más bajo de nuestra sociedad actual

پرولتاریا ، پایین ترین قشر جامعه کنونی ما

no puede agitarse ni elevarse sin que todos los estratos superiores de la sociedad oficial salgan al aire

این نمی تواند بدون اینکه تمام طبقه های فوق العاده جامعه رسمی به هوا پرتاب شوند ، خود را به حرکت درآورد یا بلند کند

Aunque no en el fondo, sí en la forma, la lucha del proletariado con la burguesía es, al principio, una lucha nacional

مبارزه پرولتاریا با بورژوازی اگرچه نه از نظر جوهر ، اما از نظر شکل است ، در ابتدا یک مبارزه ملی است

El proletariado de cada país debe, por supuesto, en primer
lugar arreglar las cosas con su propia burguesía

البته پرولتاریا هر کشور باید قبل از هر چیز مسائل را با بورژوازی خود
حل و فصل کند

Al describir las fases más generales del desarrollo del
proletariado, hemos trazado la guerra civil más o menos
velada

در به تصویر کشیدن عمومی ترین مراحل توسعه پرولتاریا ، ما کم و
بیش پوشیده داخلی جنگ را دنبال کردیم

Este civil está haciendo estragos dentro de la sociedad
existente

دا مدنی په موجوده تولنه کې په پراخه کچه راپورته کیږی

Se enfurecerá hasta el punto en que esa guerra estalle en una
revolución abierta

دا به تر دې حده زور واخلی چی جګړه په آشکار انقلاب بدله شی

y luego el derrocamiento violento de la burguesía sienta las
bases para el dominio del proletariado

و سپس سرنگونی خشونت آمیز بورژوازی اساس حاکمیت پرولتاریا را
می گذارد

Hasta ahora, todas las formas de sociedad se han basado,
como ya hemos visto, en el antagonismo de las clases
opresoras y oprimidas

تا کنون ، هر شکل جامعه ، همانطور که قبلا دیدیم ، بر تضاد طبقات
ستمگین و تحت ستم بنا شده است

Pero para oprimir a una clase, hay que asegurarle ciertas
condiciones

اما برای سرکوب یک طبقه، باید شرایط خاصی برای آن تضمین شود

La clase debe ser mantenida en condiciones en las que
pueda, por lo menos, continuar su existencia servil

طبقه باید په داسي شرایطو کي وساتل شی چي لږ تر لږه وکولای شی
خپل برده وار ژوند ته دوام ورکړی

El siervo, en el período de la servidumbre, se elevaba a la
comuna

رعیت ، د رعیت په دوره کي ، خان د کمون غریتوب ته لور کړ

del mismo modo que la pequeña burguesía, bajo el yugo del
absolutismo feudal, logró convertirse en burguesía

همانطوریکه خرده بورژوازی ، تحت یوغ استبداد فئودالی ، توانست به یک بورژوازی تبدیل شود

El obrero moderno, por el contrario, en lugar de elevarse con el progreso de la industria, se hunde cada vez más

، بر عکس ، معاصر کارگر ، به جای اینکه با پیشرفت صنعت رشد کند عمیق تر و عمیق تر غرق می شود

se hunde por debajo de las condiciones de existencia de su propia clase

هغه د خپلي طبقي د موجودیت د شرایطو لاندي غرق کېږی

Se convierte en un indigente, y el pauperismo se desarrolla más rápidamente que la población y la riqueza

او یک فقیر می شود ، و فقر نسبت به جمعیت و ثروت سریعتر رشد می کند

Y aquí se hace evidente que la burguesía ya no es apta para ser la clase dominante de la sociedad

و در اینجا آشکار می شود که بورژوازی دیگر برای تبدیل شدن به طبقه حاکم در جامعه مناسب نیست

y no es apta para imponer sus condiciones de existencia a la sociedad como una ley imperativa

او دا مناسبه نه ده چی د خپل ژوند شرایط په تولنه باندي د یو حاکم قانون په توګه تحمیل کړی

Es incapaz de gobernar porque es incapaz de asegurar una existencia a su esclavo dentro de su esclavitud

دا د حکومت کولو ور نه ده ځکه چی دا ناوره ده چی خپل غلام ته د هغه په غلامی کي موجودیت تضمین کړی

porque no puede evitar dejarlo hundirse en tal estado, que tiene que alimentarlo, en lugar de ser alimentado por él

ځکه چی دا نه شی کولای چی هغه په داسي حالت کي ډوب شی ، چی باید هغه ته خواره ورکړی ، نه دا چی د هغه له خوا تغذیه شی

La sociedad ya no puede vivir bajo esta burguesía

جامعه دیگر نمی تواند تحت این بورژوازی زندگی کند

En otras palabras, su existencia ya no es compatible con la sociedad

به عبارت دیگر ، وجود آن دیگر با جامعه سازگار نیست

La condición esencial para la existencia y el dominio de la burguesía es la formación y el aumento del capital

شرط اساسی برای موجودیت و نفوذ طبقه بورژوازی تشکیل و تقویت سرمایه است

La condición del capital es el trabajo asalariado

شرط برای سرمایه مزدی کار است

El trabajo asalariado se basa exclusivamente en la competencia entre los trabajadores

مزدی کار منحصرا بر رقابت بین کارگران تکیه دارد

El avance de la industria, cuyo promotor involuntario es la burguesía, sustituye al aislamiento de los obreros

پیشرفت صنعت ، که غیر ارادی آن بورژوازی است ، جای انزوا کارگران را می گیرد

por la competencia, por su combinación revolucionaria, por la asociación

د سیالی له امله ، د هغوی انقلابی ترکیب ، د تراو له امله

El desarrollo de la industria moderna corta bajo sus pies los cimientos mismos sobre los cuales la burguesía produce y se apropia de los productos

توسعه صنعت مدرن همان پایه را که بورژوازی بر اساس آن تولید و تصاحب می کند ، از زیر پینو قطع می کند

Lo que la burguesía produce, sobre todo, son sus propios sepultureros

آنچه بورژوازی تولید می کند ، بالاتر از همه ، قبرکنان خود است

La caída de la burguesía y la victoria del proletariado son igualmente inevitables

سقوط بورژوازی و پیروزی پرولتاریا به همان اندازه اجتناب ناپذیر هستند

Proletarios y comunistas
پرولتاریا او کمونیستان

¿Qué relación tienen los comunistas con el conjunto de los proletarios?

کمونیست ها در چه رابطه ای با پرولتاریا به عنوان یک کل ایستاده اند ؟

Los comunistas no forman un partido separado opuesto a otros partidos de la clase obrera

کمونیست ها یک حزب جداگانه در مقابل سایر احزاب طبقه کارگر تشکیل نمی دهند

No tienen intereses separados y aparte de los del proletariado en su conjunto

آنها هیچ منافعی جدا و جدا از منافع پرولتاریا به عنوان یک کل ندارند

No establecen ningún principio sectario propio, con el cual dar forma y moldear el movimiento proletario

آنها هیچ اصول فرقه ای را برای خود ایجاد نمی کنند ، که به وسیله آن جنبش پرولتری را شکل دهند و شکل دهند

Los comunistas se distinguen de los demás partidos obreros sólo por dos cosas

کمونیست ها تنها با دو چیز از سایر احزاب طبقه کارگر متمایز هستند

En primer lugar, señalan y ponen en primer plano los intereses comunes de todo el proletariado, independientemente de toda nacionalidad

اولا ، آنها منافع مشترک تمام پرولتاریا را مستقل از هر ملیت نشان می دهند و به جبهه می آورند

Esto lo hacen en las luchas nacionales de los proletarios de los diferentes países

دا کار هغوی د بېلابېلو هېوادونو د پرولتاریا په ملی مبارزو کي کوی

En segundo lugar, siempre y en todas partes representan los intereses del movimiento en su conjunto

دوم ، آنها همیشه و در همه جا از منافع جنبش به عنوان یک کل نمایندگی می کنند

esto lo hacen en las diversas etapas de desarrollo por las que tiene que pasar la lucha de la clase obrera contra la burguesía

آنها این کار را در مراحل مختلف توسعه انجام می دهند ، که مبارزه طبقه کارگر علیه بورژوازی باید از آن عبور کند

Los comunistas son, por lo tanto, por una parte, prácticamente, el sector más avanzado y resuelto de los partidos obreros de todos los países

بنابراین ، کمونیست ها از یک سو ، عملا ، پیشرفته ترین و قاطع ترین بخش احزاب طبقه کارگر هر کشور هستند

Son ese sector de la clase obrera que empuja hacia adelante a todos los demás

آنها آن بخش از طبقه کارگر هستند که همه دیگران را به جلو می برند

Teóricamente, también tienen la ventaja de entender claramente la línea de marcha

از نظر نظری ، آنها همچنین این مزیت را دارند که به وضوح خط مارچ را درک کنند

Esto lo comprenden mejor comparado con la gran masa del proletariado

این را آنها در مقایسه با توده عظیم پرولتاریا بهتر درک می کنند

Comprenden las condiciones y los resultados generales finales del movimiento proletario

آنها شرایط و نتایج نهایی عمومی جنبش پرولتری را درک می کنند

El objetivo inmediato del comunista es el mismo que el de todos los demás partidos proletarios

هدف فوری کمونیست همان هدف است که تمام احزاب پرولتری دیگر دارند

Su objetivo es la formación del proletariado en una clase

هدف آنها تشکیل پرولتاریا در یک طبقه است

su objetivo es derrocar la supremacía burguesa

هدف آنها سرنگونی برتری بورژوازی است

la lucha por la conquista del poder político por el proletariado

تلاش برای تسخیر قدرت سیاسی توسط پرولتاریا

Las conclusiones teóricas de los comunistas no se basan en modo alguno en ideas o principios de reformadores

نتیجه گیری های نظری کمونیست ها به هیچ وجه مبتنی بر ایده ها یا اصول اصلاح طلبان نیست

no fueron los aspirantes a reformadores universales los que inventaron o descubrieron las conclusiones teóricas de los comunistas

این اصلاح طلبان جهانی نبودند که نتیجه گیری های نظری کمونیست ها را اختراع یا کشف کردند

Se limitan a expresar, en términos generales, las relaciones reales que surgen de una lucha de clases existente

آنها فقط ، به طور کلی ، روابط واقعی را که از یک مبارزه طبقاتی موجود سرچشمه می گیرند ، بیان می کنند

Y describen el movimiento histórico que está ocurriendo ante nuestros propios ojos y que ha creado esta lucha de clases

و آنها جنبش تاریخی را توصیف می کنند که زیر چشمان ما جریان دارد و این مبارزه طبقاتی را به وجود آورده است

La abolición de las relaciones de propiedad existentes no es en absoluto un rasgo distintivo del comunismo

از بین بردن روابط مالکیت موجود به هیچ وجه یک ویژگی متمایز کمونیزم نیست

Todas las relaciones de propiedad en el pasado han estado continuamente sujetas a cambios históricos

په تېر وخت کې د ملکیت ټولي اړیکي په دوامداره توګه د تاریخي بدلونونو تابع دی

y estos cambios fueron consecuencia del cambio en las condiciones históricas

او دا بدلونونه په تاریخی شرایطو کې د بدلون په پایله کې وو

La Revolución Francesa, por ejemplo, abolió la propiedad feudal en favor de la propiedad burguesa

به عنوان مثال ، انقلاب فرانسه ، مالکیت فیودالی را به نفع مالکیت بورژوازی لغو کرد

El rasgo distintivo del comunismo no es la abolición de la propiedad, en general

ویژگی متمایز کمونیزم به طور کلی از بین بردن مالکیت نیست

pero el rasgo distintivo del comunismo es la abolición de la propiedad burguesa

اما ویژگی متمایز کمونیزم از بین بردن مالکیت بورژوازی است

Pero la propiedad privada de la burguesía moderna es la expresión última y más completa del sistema de producción y apropiación de productos

اما مالکیت خصوصی بورژوازی مدرن آخرین و کامل ترین بیان سیستم تولید و تصاحب محصولات است

Es el estado final de un sistema que se basa en los antagonismos de clase, donde el antagonismo de clase es la explotación de la mayoría por unos pocos

، این آخرین حالت یک سیستم است که مبتنی بر تضادهای طبقاتی است جایی که تضاد طبقاتی استثمار اکثریت توسط چند نفر است

En este sentido, la teoría de los comunistas puede resumirse en una sola frase; la abolición de la propiedad privada

په دې معنا ، د کمونیستانو نظریه په یوه جمله کې خلاصه کېدای شی. د خصوصی ملکیت له منځه ورل

A los comunistas se nos ha reprochado el deseo de abolir el derecho de adquirir personalmente la propiedad

مور کمونیستان د شخصی ملکیت د ترلاسه کولو د حق د لغوه کولو په هیله ملامت شوی یو

Se afirma que esta propiedad es el fruto del propio trabajo de un hombre

دا ادعا کیږی چی دا ملکیت د انسان د خپل کار ثمره ده

y se alega que esta propiedad es la base de toda libertad, actividad e independencia personal.

او ادعا کیږی چی دا ملکیت د ټولو شخصی آزادی، فعالیت او خپلواکی بنسټ دی.

"¡Propiedad ganada con esfuerzo, adquirida por uno mismo, ganada por uno mismo!"

"په سختی ګټل شوی، په خپله ترلاسه شوی، په خپله ترلاسه شوی جایداد"

¿Te refieres a la propiedad del pequeño artesano y del pequeño campesino?

آیا منظور شما دارایی خرده فروشان و دهقان کوچک است ؟

¿Te refieres a una forma de propiedad que precedió a la forma burguesa?

آیا منظور شما از یک شکل مالکیت است که قبل از شکل بورژوازی بوده است ؟

No hay necesidad de abolir eso, el desarrollo de la industria ya lo ha destruido en gran medida

نیازی به از بین بردن آن نیست ، توسعه صنعت تا حد زیادی آن را از بین برده است

y el desarrollo de la industria sigue destruyéndola diariamente

او د صنعت پرمختگ اوس هم هره ورځ يي له منځه وړی

¿O te refieres a la propiedad privada de la burguesía moderna?

یا منظور شما مالکیت خصوصی بورژوازی مدرن است ؟

Pero, ¿crea el trabajo asalariado alguna propiedad para el trabajador?

اما آیا مزدوری کار برای کارگر دارایی ایجاد می کند ؟

¡No, el trabajo asalariado no crea ni una pizca de este tipo de propiedad!

نه ، مزدی کار حتی یک ذره از این نوع دارایی را ایجاد نمی کند

Lo que sí crea el trabajo asalariado es capital; ese tipo de propiedad que explota el trabajo asalariado

هغه څه چی مزدوری کار ایجاد کوی سرمایه ده .هغه ډول ملکیت چی د مزدوری کار استثمار کوی

El capital no puede aumentar sino a condición de engendrar una nueva oferta de trabajo asalariado para una nueva explotación

سرمایه نه شی زیاتبدای مگر په دي شرط چی د تازه استثمار لپاره د مزدوری نوی عرضه رامنځته شی

La propiedad, en su forma actual, se basa en el antagonismo entre el capital y el trabajo asalariado

مالکیت ، در شکل فعلی خود ، مبتنی بر تضاد سرمایه و مزدی کار است

Examinemos los dos lados de este antagonismo

اجازه دهید که هر دو طرف این تضاد را بررسی کنیم

Ser capitalista es tener no sólo un estatus puramente personal

سرمایه دار بودن نه تنها به معنای داشتن یک موقعیت شخصی خالص است

En cambio, ser capitalista es también tener un estatus social en la producción

در عوض ، سرمایه دار بودن به معنای داشتن یک موقعیت اجتماعی در تولید است

porque el capital es un producto colectivo; Sólo mediante la acción unida de muchos miembros puede ponerse en marcha

زیرا سرمایه یک محصول جمعی است .یوازي د دپرو غرو د متحد عمل له لاري دا کار پیل کېدای شی

Pero esta acción unida es el último recurso, y en realidad requiere de todos los miembros de la sociedad

اما این اقدام متحد آخرین راه حل است ، و در واقع به تمام اعضای جامعه نیاز دارد

El capital se convierte en propiedad de todos los miembros de la sociedad

سرمایه د تولنۍ د تولو غرو په ملکیت بدلیږي

pero el Capital no es, por lo tanto, un poder personal; Es un poder social

اما سرمایه ، بنابراین ، یک قدرت شخصی نیست .دا یو تولنیز قدرت دی

Así, cuando el capital se convierte en propiedad social, la propiedad personal no se transforma en propiedad social

بنابراین وقتی سرمایه به مالکیت اجتماعی تبدیل می شود ، مالکیت شخصی به مالکیت اجتماعی تبدیل نمی شود

Lo único que cambia es el carácter social de la propiedad y pierde su carácter de clase

دا یوازي د ملکیت تولنیز خصلت دی چې بدلون مومی او خپل طبقاتی خصلت له لاسه ورکوی

Veamos ahora el trabajo asalariado

اوس راخئ چې مزدوری ته وگورو

El precio medio del trabajo asalariado es el salario mínimo, es decir, la cantidad de medios de subsistencia

متوسط قیمت مزدی کار حداقل دستمزد است ، یعنی مقدار وسایل معیشت است

Este salario es absolutamente necesario en la mera existencia de un obrero

دا مزد د کارگر په توګه مطلقا ارین دی

Por lo tanto, lo que el asalariado se apropia por medio de su trabajo, sólo basta para prolongar y reproducir una existencia desnuda

، له دې امله ، هغه څه چې مزدوري د خپل کار په وسیله تصاحب کوی یوازي د یوه لغر وجود د اوږدولو او بیا تولید کولو لپاره بسنه کوی

De ninguna manera pretendemos abolir esta apropiación personal de los productos del trabajo

ما به هیڅ وجه قصد نداریم که این تصرف شخصی از محصولات کار را لغو کنیم

una apropiación que se hace para el mantenimiento y la reproducción de la vida humana

هغه تخصیص چې د انسان د ژوند د ساتنې او تولید لپاره جوړ شوی دی

Tal apropiación personal de los productos del trabajo no deja ningún excedente con el que ordenar el trabajo de otros

د کار د محصولاتو داسي شخصی تخصیص هیڅ اضافی نه پرېږدی چې د نورو په کار کې امر وکړی

Lo único que queremos eliminar es el carácter miserable de esta apropiación

ټول هغه څه چې مورږ غوارو له منځه یوسو ، د دی تخصیص بدمرغه خصلت دی

la apropiación bajo la cual vive el obrero sólo para aumentar el capital

تخصیص که تحت آن کارگر فقط برای افزایش سرمایه زندگی می کند

Sólo se le permite vivir en la medida en que lo exija el interés de la clase dominante

هغه اجازه لری چې یوازي تر هغه حده ژوند وکړی چې د حاکمی طبقی ګټي ایجاب کوی

En la sociedad burguesa, el trabajo vivo no es más que un medio para aumentar el trabajo acumulado

در جامعه بورژوازی ، کار زنده فقط وسیله ای برای افزایش کار انباشته شده است

En la sociedad comunista, el trabajo acumulado no es más que un medio para ampliar, para enriquecer y para promover la existencia del obrero

، در جامعه کمونیستی ، کار انباشته شده تنها وسیله ای برای گسترش غنی سازی ، ترویج وجود کارگر است

En la sociedad burguesa, por lo tanto, el pasado domina al presente

بنابراین ، در جامعه بورژوازی ، گذشته بر زمان حال حاکم است

en la sociedad comunista el presente domina al pasado

در جامعه کمونیستی ، حال بر گذشته حاکم است

En la sociedad burguesa el capital es independiente y tiene individualidad

در جامعه بورژوازی سرمایه مستقل است و دارای فردیت است

En la sociedad burguesa la persona viva es dependiente y no tiene individualidad

په بورژوازی تولنه کی ژوندی شخص وابسته دی او انفرادیت نه لری

¡Y la abolición de este estado de cosas es llamada por la burguesía, abolición de la individualidad y de la libertad!

و از بین بردن این حالت از سوی بورژوازی ، لغو فردیت و آزادی است

¡Y con razón se llama la abolición de la individualidad y de la libertad!

و به درستی آن را لغو فردیت و آزادی می نامند

El comunismo aspira a la abolición de la individualidad burguesa

هدف کمونیزم از بین بردن فردیت بورژوازی است

El comunismo pretende la abolición de la independencia burguesa

کمونیزم قصد دارد استقلال بورژوازی را از بین ببرد

La libertad burguesa es, sin duda, a lo que aspira el comunismo

آزادی بورژوازی بدون شک همان چیزی است که کمونیزم به دنبال آن است

en las actuales condiciones de producción de la burguesía, la libertad significa libre comercio, libre venta y compra

در شرایط تولید بورژوازی کنونی ، آزادی به معنای تجارت آزاد ، خرید و فروش آزاد است

Pero si desaparece la venta y la compra, también desaparece la libre venta y la compra

اما اگر خرید و فروش از بین برود ، خرید و فروش نیز از بین برود

Las "palabras valientes" de la burguesía sobre la libre venta y compra sólo tienen sentido en un sentido limitado

کلمات شجاعانه "توسط بورژوازی در مورد خرید و فروش آزاد فقط " در یک مفهوم محدود معنی دارند

Estas palabras tienen significado solo en contraste con la
venta y la compra restringidas

دا ټکی یوازي د محدود خرڅلاو او پیرودلو په تضاد کي معنا لري

y estas palabras sólo tienen sentido cuando se aplican a los
comerciantes encadenados de la Edad Media

او دا کلمي یوازي هغه وخت معنا لري چي د منځنیو پیړیو د ترل شویو
سوداګرو لپاره وکارول شي

y eso supone que estas palabras incluso tienen un
significado en un sentido burgués

و این فرض می کند که این کلمات حتی در مفهوم بورژوازی معنی دارند

pero estas palabras no tienen ningún significado cuando se
usan para oponerse a la abolición comunista de la compra y
venta

اما این کلمات هیچ معنایی ندارند وقتی که آنها برای مخالفت با لغو خرید
و فروش کمونیستی استفاده می شوند

las palabras no tienen sentido cuando se usan para oponerse
a la abolición de las condiciones de producción de la
burguesía

این کلمات زمانی معنی ندارند که برای مخالفت با شرایط بورژوازی
تولید که از بین می رود ، استفاده می شوند

y no tienen ningún sentido cuando se utilizan para oponerse
a la abolición de la propia burguesía

و وقتی از آنها برای مخالفت با لغو بورژوازی استفاده می شود ، هیچ
معنایی ندارند

Ustedes están horrorizados de nuestra intención de acabar
con la propiedad privada

شما از قصد ما برای از بین بردن مالکیت شخصی وحشت زده می شوید

Pero en la sociedad actual, la propiedad privada ya ha sido
eliminada para las nueve décimas partes de la población

اما در جامعه فعلی شما ، مالکیت خصوصی برای نه دهم جمعیت از بین
رفته است

La existencia de la propiedad privada para unos pocos se
debe únicamente a su inexistencia en manos de las nueve
décimas partes de la población

وجود مالکیت خصوصی برای چند نفر تنها به دلیل عدم وجود آن در
دست نه دهم جمعیت است

Por lo tanto, nos reprochas que pretendamos acabar con una forma de propiedad

بنابراین ، شما ما را ملامت می کنید که قصد داریم یک نوع دارایی را از بین ببریم

Pero la propiedad privada requiere la inexistencia de propiedad alguna para la inmensa mayoría de la sociedad

خو خصوصی ملکیت د تولنې د اکثریت لپاره د ملکیت د نشتوالی لامل ګرځی

En una palabra, nos reprochas que pretendamos acabar con tu propiedad

په یوه کلمه، تاسو مور ملامت کوئ چي قصد لرو ستاسو شتمنی له منځه یوسو

Y es precisamente así; prescindir de su propiedad es justo lo que pretendemos

او دقیقا همداسي ده .ستاسو د جایداد له منځه ورل هغه څه دی چي مور یی غوارو

Desde el momento en que el trabajo ya no puede convertirse en capital, dinero o renta

از لحظه ای که کار دیگر نمی تواند به سرمایه ، پول یا اجاره تبدیل شود

cuando el trabajo ya no puede convertirse en un poder social capaz de ser monopolizado

وقتی که کار دیگر نمی تواند به یک قدرت اجتماعی تبدیل شود که بتواند در انحصار باشد

desde el momento en que la propiedad individual ya no puede transformarse en propiedad burguesa

از لحظه ای که مالکیت فردی دیگر نمی تواند به دارایی بورژوازی تبدیل شود

desde el momento en que la propiedad individual ya no puede transformarse en capital

له هغي لحظي څخه چي فردی ملکیت نور په سرمایه نه شی بدلبدای

A partir de ese momento, dices que la individualidad se desvanece

از آن لحظه ، شما می گویید که فردیت از بین می رود

Debéis confesar, pues, que por "individuo" no os referimos a otra persona que a la burguesía

بنابراین شما باید اعتراف کنید که منظور شما از "فرد "غیر از بورژوازی شخص دیگری نیست

Debes confesar que se refiere específicamente al propietario de una propiedad de clase media

تاسو باید اعتراف وکرئ چی دا په ځانګړي توګه د منځنۍ طبقې د جایداد مالک ته اشاره کوی

Esta persona debe, en verdad, ser barrida del camino, y hecha imposible

دا شخص باید په رښتیا هم له لاري وغورځول شی او ناممکن شی

El comunismo no priva a ningún hombre del poder de apropiarse de los productos de la sociedad

کمونیزم هیچ کس را از قدرت تصرف محصولات جامعه محروم نمی کند

todo lo que hace el comunismo es privarlo del poder de subyugar el trabajo de otros por medio de tal apropiación

ټول هغه څه چی کمونیزم کوی هغه دا دی چی هغه له دي توان څخه محروم کری چی د نورو کار د داسي تخصیص له لاری تابع کری

Se ha objetado que, tras la abolición de la propiedad privada, cesará todo trabajo

دا اعتراض شوی دی چی د خصوصی ملکیت د لغوه کېدو سره به ټول کارونه بند شی

y entonces se sugiere que la pereza universal se apoderará de nosotros

و سپس پیشنهاد می شود که تنبلی جهانی بر ما غلبه خواهد کرد

De acuerdo con esto, la sociedad burguesa debería haber ido hace mucho tiempo a los perros por pura ociosidad

بر این اساس ، جامعه بورژوازی باید خیلی وقت پیش به سگ ها از طریق بطالت محض رفته باشد

porque los de sus miembros que trabajan, no adquieren nada

. ځکه هغه غړی چی کار کوی ، هیڅ شی ترلاسه نه کوی

y los de sus miembros que adquieren algo, no trabajan

او هغه کسان چی هر څه ترلاسه کوی ، کار نه کوی

Toda esta objeción no es más que otra expresión de la tautología

تمام این اعتراض فقط یک بیان دیگر از توتولوژی است

Ya no puede haber trabajo asalariado cuando ya no hay capital

کله چی سرمایه نه وی ، نور مزدوری نه شی کېدای

No hay diferencia entre los productos materiales y los productos mentales

د مادی محصولاتو او ذهنی تولیداتو ترمنځ هیڅ توپیر نشته

El comunismo propone que ambos se producen de la misma manera

کمونیزم پیشنهاد می کند که این دو به یک شکل تولید می شوند

pero las objeciones contra los modos comunistas de producirlos son las mismas

اما اعتراضات علیه شیوه های تولید کمونیستی این ها یکسان است

para la burguesía, la desaparición de la propiedad de clase es la desaparición de la producción misma

د بورژوازی له نظره د طبقاتی ملکیت له منځه تلل په خپله د تولید د منځه تلل دی

De modo que la desaparición de la cultura de clase es para él idéntica a la desaparición de toda cultura

نو د طبقاتی کلتور له منځه تلل د هغه لپاره د ټولو کلتورونو له منځه تللو سره یو شان دی

Esa cultura, cuya pérdida lamenta, es para la inmensa mayoría un mero entrenamiento para actuar como una máquina

این فرهنگ ، که از دست دادن آن او افسوس می خورد ، برای اکثریت عظیم فقط یک آموزش است تا مانند یک ماشین عمل کنند

Los comunistas tienen la firme intención de abolir la cultura de la propiedad burguesa

کمونیست ها قصد دارند فرهنگ مالکیت بورژوازی را از بین ببرند

Pero no discutan con nosotros mientras apliquen el estándar de sus nociones burguesas de libertad, cultura, ley, etc

، اما تا زمانی که شما معیارهای بورژوازی خود را در مورد آزادی فرهنگ ، قانون و غیره تطبیق می کنید ، با ما بحث نکنید

Vuestras mismas ideas no son más que el resultado de las condiciones de la producción burguesa y de la propiedad burguesa

ایده های شما چیزی جز نتیجه شرایط تولید بورژوازی و مالکیت بورژوازی شما نیست

del mismo modo que vuestra jurisprudencia no es más que la voluntad de vuestra clase convertida en ley para todos

لکه څنګه چی ستاسو فقه یوازی ستاسو د طبقې اراده ده چی د تولو لپاره یو قانون جوړ شوی دی

El carácter esencial y la dirección de esta voluntad están determinados por las condiciones económicas que crea su clase social

د دي ارادي اساسی خصلت او لوری د اقتصادی شرایطو له مخي ټاکل کیری چی ستاسو تولنیز طبقه یی رامنځ ته کوی

El concepto erróneo egoísta que te induce a transformar las formas sociales en leyes eternas de la naturaleza y de la razón

خودخواهانه غلط فهمی که شما را تشویق می کند تا شکل های اجتماعی را به قوانین ابدی طبیعت و عقل تبدیل کنید

las formas sociales que brotan de vuestro actual modo de producción y de vuestra forma de propiedad

هغه تولنیز بنی چی ستاسو د تولید او ملکیت له اوسنی بنی څخه سرچینه اخلی

relaciones históricas que surgen y desaparecen en el progreso de la producción

تاریخی اړیکي چی د تولید په پرمختګ کی پورته کیږی او له منځه ځی

Este concepto erróneo lo compartes con todas las clases dominantes que te han precedido

، این غلط فهمی را شما با هر طبقه حاکم که قبل از شما بوده است شریک می کنید

Lo que se ve claramente en el caso de la propiedad antigua, lo que se admite en el caso de la propiedad feudal

هغه څه چی تاسو یی د لرغونی ملکیت په برخه کی په روښانه توګه وینئ ، هغه څه چی تاسو یی د فیودالی ملکیت په برخه کی اعتراف کوئ

estas cosas, por supuesto, le está prohibido admitir en el caso de su propia forma burguesa de propiedad

البته ، شما از اعتراف به این چیزها در مورد مالکیت بورژوازی خود منع شده اید

¡Abolición de la familia! Hasta los más radicales estallan ante esta infame propuesta de los comunistas

د کورنۍ له منځه وړل حتی رادیکال ترین افراد نیز در مورد این پیشنهاد بدنام کمونیست ها شعله ور می شوند

¿Sobre qué base se asienta la familia actual, la familia Bourgeoisie?

خانواده کنونی ، خانواده بورژوازی ، بر چه اساسی استوار است ؟

La base de la familia actual se basa en el capital y la ganancia privada

د اوسنۍ کورنۍ بنست د پانګي او شخصي ګټو پر بنست دی

En su forma completamente desarrollada, esta familia sólo existe entre la burguesía

این خانواده در شکل کامل خود فقط در میان بورژوازی وجود دارد

Este estado de cosas encuentra su complemento en la ausencia práctica de la familia entre los proletarios

این وضعیت در غیاب عملی خانواده در میان پرولتاریا تکمیل می یابد

Este estado de cosas se puede encontrar en la prostitución pública

دا حالت په عامه فحشا کې موندل کیږی

La familia Bourgeoisie se desvanecerá como algo natural cuando su complemento se desvanezca

د بورژوازی کورنۍ به هغه وخت له منځه لار شی کله چي بشپړه برخه یی له منځه لار شی

y ambos se desvanecerán con la desaparición del capital

. او دا دواړه اراده به د پانګي له منځه تللو سره له منځه لار شی

¿Nos acusan de querer detener la explotación de los niños por parte de sus padres?

آیا شما ما را متهم می کنید که می خواهیم جلوی استثمار کودکان توسط والدین آنها را بگیریم ؟

De este crimen nos declaramos culpables

د دي جرم په اړه موږ گناه منو

Pero, dirás, destruimos la más sagrada de las relaciones, cuando reemplazamos la educación en el hogar por la educación social

، اما ، شما خواهید گفت ، ما مقدس ترین روابط را از بین می بریم زمانی که ما آموزش و پرورش را با آموزش اجتماعی جایگزین می کنیم

¿No es también social su educación? ¿Y no está determinado
por las condiciones sociales en las que se educa?

آیا تحصیلات شما نیز اجتماعی نیست؟ و آیا این توسط شرایط اجتماعی
که شما تحت آن تحصیل می کنید تعیین نمی شود ؟

por la intervención, directa o indirecta, de la sociedad, por
medio de las escuelas, etc.

د تولنې په مستقیم یا غیر مستقیم مداخله، د ښوونخیو او داسې نورو په
واسطه مداخله.

Los comunistas no han inventado la intervención de la
sociedad en la educación

کمونیست ها مداخله جامعه را در آموزش اختراع نکرده اند

lo único que pretenden es alterar el carácter de esa
intervención

آنها فقط به دنبال تغییر ماهیت این مداخله هستند

y buscan rescatar la educación de la influencia de la clase
dominante

او دوی په دې لټه کې دی چی ښوونه او روزنه د حاکمي طبقي له نفوذ
څخه وژغوري

La burguesía habla de la sagrada correlación entre padres e
hijos

بورژوازی د مور او پلار او ماشوم د مقدس اړیکو خبري کوی

pero esta trampa sobre la familia y la educación se vuelve
aún más repugnante cuando miramos a la industria moderna

اما این تله در مورد خانواده و تعلیم و تربیه زمانی که ما به صنعت
مدرن نگاه می کنیم ، بیشتر نفرت انگیز می شود

Todos los lazos familiares entre los proletarios son
desgarrados por la industria moderna

تمام پیوندهای خانوادگی در میان پرولتاریا توسط صنعت مدرن از هم
پاشیده شده است

Sus hijos se transforman en simples artículos de comercio e
instrumentos de trabajo

د هغوی ماشومان په ساده سوداگری او د کار په وسایلو بدل شوی دی

Pero vosotros, los comunistas, creáis una comunidad de
mujeres, grita a coro toda la burguesía

اما شما کمونیست ها می توانید یک جامعه از زنان را ایجاد کنید ، تمام
بورژوازی را در گروه کر فریاد می زنید

La burguesía ve en su mujer un mero instrumento de producción

بورژوازی در همسرش فقط یک ابزار تولید می بیند

Oye que los instrumentos de producción deben ser explotados por todos

هغه اوری چی د تولید وسایل باید د تولو له خوا استثمار شی

Y, naturalmente, no puede llegar a otra conclusión que la de que la suerte de ser común a todos recaerá igualmente en las mujeres

او طبعاً ، هغه نه شی کولای پرته له دی چی د تولو مشترکات هم په بنخو پوری اړه ولری ، هېڅ نتیجی ته نه شی رسېدلی

Ni siquiera sospecha que el verdadero objetivo es acabar con la condición de la mujer como meros instrumentos de producción

او حتی شک هم ندارد که نکته اصلی این است که وضعیت زنان را به عنوان ابزار تولید از بین ببرد

Por lo demás, nada es más ridículo que la virtuosa indignación de nuestra burguesía contra la comunidad de mujeres

برای بقیه ، هیچ چیز مضحک تر از خشم با فضیلت بورژوازی ما نسبت به جامعه زنان نیست

pretenden que sea abierta y oficialmente establecida por los comunistas

آنها وانمود می کنند که این به طور علنی و رسمی توسط کمونیست ها تاسیس شده است

Los comunistas no tienen necesidad de introducir la comunidad de mujeres, ha existido casi desde tiempos inmemoriales

کمونیست ها نیازی به معرفی جامعه زنان ندارند ، این تقریبا از زمان های بسیار قدیم وجود داشته است

Nuestra burguesía no se contenta con tener a su disposición a las mujeres e hijas de sus proletarios

بورژوازی ما به داشتن زنان و دختران پرولتاریا در اختیار ندارد

Tienen el mayor placer en seducir a las esposas de los demás

دوی د یو بل د مېرمنو په اغوا کولو کی تر تولو زیات خوند اخلی

Y eso sin hablar de las prostitutas comunes

او دا حتی د عامو فاحشو په اره هم نه دی ویل شوی

El matrimonio burgués es en realidad un sistema de esposas en común

بورژوازی ازدواج در حقیقت یک سیستم مشترک زنان است

entonces hay una cosa que se podría reprochar a los comunistas

پس از آن یک چیز وجود دارد که ممکن است کمونیست ها به آن سرزنش شوند

Desean introducir una comunidad de mujeres abiertamente legalizada

دوی غواړی چی د ښځو یوه آزاده قانونی ټولنه معرفی کړی

en lugar de una comunidad de mujeres hipócritamente oculta

به جای یک جامعه پنهان ریاکارانه از زنان

la comunidad de mujeres que surgen del sistema de producción

د ښځو ټولنه چی د تولید له سیستم څخه سرچینه اخلی

abolid el sistema de producción y abolid la comunidad de mujeres

سیستم تولید را از بین ببرید ، و جامعه زنان را از بین ببرید

Se suprime la prostitución pública y la prostitución privada

هم عامه فحشا له منځه وړل شوي او هم شخصی فحشا

A los comunistas se les reprocha, además, que desean abolir los países y las nacionalidades

کمونیست ها علاوه بر این بیشتر مورد سرزنش قرار می گیرند که می خواهند کشورها و ملیت ها را از بین ببرند

Los trabajadores no tienen patria, así que no podemos quitarles lo que no tienen

کارگران کشور ندارند ، بنابراین ما نمی توانیم آنچه را که آنها بدست نیاورند از آنها بگیریم

El proletariado debe, ante todo, adquirir la supremacía política

پرولتاریا باید قبل از هر چیز حاکمیت سیاسی را بدست آورد

El proletariado debe elevarse para ser la clase dirigente de la nación

پرولتاریا باید به عنوان یک طبقه پیشرو در ملت برخیزد

El proletariado debe constituirse en la nación

پرولتاریا باید خود را ملت تشکیل دهد

es, hasta ahora, nacional, aunque no en el sentido burgués de la palabra

این کشور تا کنون خود ملی است ، اگرچه نه به معنای بورژوازی کلمه

Las diferencias nacionales y los antagonismos entre los pueblos desaparecen cada día más

ملی اختلافات و دشمنی ها بین مردم روز به روز از بین می روند

debido al desarrollo de la burguesía, a la libertad de comercio, al mercado mundial

د بورژوازی د پرمختگ له امله ، د سوداگری ازادی ، د نړیوال بازار له امله

a la uniformidad en el modo de producción y en las condiciones de vida correspondientes

د تولید په بنه او د ژوند په شرایطو کي چي ورسره متناظر دی یو دول والی

La supremacía del proletariado hará que desaparezcan aún más rápidamente

برتری پرولتاریا باعث می شود که آنها حتی سریعتر از بین بروند

La acción unida, al menos de los principales países civilizados, es una de las primeras condiciones para la emancipación del proletariado

اقدام متحد ، حداقل از سوی کشورهای متمدن پیشرو ، یکی از اولین شرایط آزادی پرولتاریا است

En la medida en que se ponga fin a la explotación de un individuo por otro, también se pondrá fin a la explotación de una nación por otra.

، به همان نسبت که استثمار یک فرد توسط فرد دیگر پایان داده شود استثمار یک ملت توسط ملت دیگر نیز پایان خواهد یافت

A medida que desaparezca el antagonismo entre las clases dentro de la nación, la hostilidad de una nación hacia otra llegará a su fin

به همان اندازه که تضاد بین طبقات در داخل ملت از بین برود ، دشمنی یک ملت با ملت دیگر به پایان خواهد رسید

Las acusaciones contra el comunismo hechas desde un punto
de vista religioso, filosófico y, en general, ideológico, no
merecen un examen serio

اتهامات عليه كمونيزم كه از نظر مذهبى ، فلسفى و به طور كلى از نظر
ايدئولوژيک مطرح شده است ، شايسته بررسى جدى نيست

¿Se requiere una intuición profunda para comprender que
las ideas, puntos de vista y concepciones del hombre
cambian con cada cambio en las condiciones de su existencia
material?

آيا درک اينكه ايده ها ، ديدگاه ها و تصورات انسان با هر تغيير در
شرايط وجود مادى او تغيير مى كند ، عميق شهود لازم است ؟

¿No es obvio que la conciencia del hombre cambia cuando
cambian sus relaciones sociales y su vida social?

آيا دا خرګنده نه ده چي د انسان شعور هغه وخت بدلون مومي كله چي د
هغه تولنيز اړيكي او تولنيز ژوند تغير كوي؟

¿Qué otra cosa prueba la historia de las ideas sino que la
producción intelectual cambia de carácter a medida que
cambia la producción material?

تاريخ ايده ها چه چيز ديگرى را ثابت مى كند ، جز اين كه توليد فكرى با
تغيير توليد مادى ، ماهيت خود را تغيير مى دهد ؟

Las ideas dominantes de cada época han sido siempre las
ideas de su clase dominante

د هر عصر حاكم نظريات تل د هغه د حاكمي طبقي مفكوري دى

Cuando se habla de ideas que revolucionan la sociedad, no
hace más que expresar un hecho

كله چي خلک د هغو نظرونو په اړه خبري كوي چي تولنه كي انقلاب
راولي ، دوى يوازي يو حقيقت څرګندوى

Dentro de la vieja sociedad, se han creado los elementos de
una nueva

په زاړه تولنه كي ، د نوى تولني عناصر ايجاد شوى دى

y que la disolución de las viejas ideas sigue el mismo ritmo
que la disolución de las viejas condiciones de existencia

او دا چي د زړو نظرياتو انحلال د موجوديت د زړو شرايطو د انحلال
سره همغږى دى

Cuando el mundo antiguo estaba en sus últimos estertores,
las religiones antiguas fueron vencidas por el cristianismo

کله چی لرغونی نړۍ په وروستۍ پېړۍ کې وه ، لرغونی مذهبونه د
مسیحیت له خوا مغلوب شول

Cuando las ideas cristianas sucumbieron en el siglo XVIII a las ideas racionalistas, la sociedad feudal libró su batalla a muerte contra la burguesía revolucionaria de entonces

هنګامی که ایده های مسیحی در قرن 18 تسلیم عقل گرایانه نظریات
شدند ، فیودالی جامعه با انقلابی بورژوازی آن زمان مبارزه کرد

Las ideas de la libertad religiosa y de la libertad de conciencia no hacían más que expresar el dominio de la libre competencia en el dominio del conocimiento

د مذهبی ازادۍ او د وجدان د آزادۍ مفکوری یوازې د پوهې په ساحه
کې د آزادۍ سیالی نفوذ څرګندوی

"Indudablemente", se dirá, "las ideas religiosas, morales, filosóficas y jurídicas se han modificado en el curso del desarrollo histórico"

باید وویل شی چی "بې له شکه ، مذهبی ، اخلاقی ، فلسفی او حقوقی
نظریات د تاریخی پرمختګ په بهیر کې تعدیل شوی دی"

"Pero la religión, la filosofía de la moral, la ciencia política y el derecho, sobrevivieron constantemente a este cambio"

اما مذهب ، فلسفه اخلاق ، علوم سیاسی و قانون ، به طور مداوم از این"
"تغییر جان سالم به در بردند

"También hay verdades eternas, como la Libertad, la Justicia, etc."

"ابدی حقیقتونه هم شته ، لکه آزادۍ ، عدالت ، او نور"

"Estas verdades eternas son comunes a todos los estados de la sociedad"

"دا ابدی حقیقتونه د تولنې په ټولو حالتونو کې مشترک دی"

"Pero el comunismo suprime las verdades eternas, suprime toda religión y toda moral"

اما کمونیزم حقایق ابدی را از بین می برد ، تمام مذهب ها و تمام"
" اخلاقیات را از بین می برد

"Lo hace en lugar de constituirlos sobre una nueva base"

"دا کار کوی د دې پر ځای چی هغوی په نوی بنسټ جوړ کړی"

"Por lo tanto, actúa en contradicción con toda la experiencia histórica pasada"

"بنابراین در تضاد با تمام تجربه های تاریخی گذشته عمل می کند"

¿A qué se reduce esta acusación?

این اتهام خود را به چه چیزی کاهش می دهد؟

La historia de toda la sociedad pasada ha consistido en el desarrollo de antagonismos de clase

تاریخ تمام جامعه گذشته شامل توسعه تضادهای طبقاتی بوده است

antagonismos que asumieron diferentes formas en diferentes épocas

تضادونه چی په مختلفو دورو کی مختلف شکلونه غوره کوی

Pero cualquiera que sea la forma que hayan tomado, un hecho es común a todas las épocas pasadas

اما هر شکلی که آنها به خود گرفته اند ، یک حقیقت در تمام اعصار گذشته مشترک است

la explotación de una parte de la sociedad por la otra

استثمار یک بخش از جامعه توسط بخش دیگر

No es de extrañar, pues, que la conciencia social de épocas pasadas se mueva dentro de ciertas formas comunes o ideas generales

پس جای تعجب نیست که آگاهی اجتماعی اعصار گذشته در درون برخی از اشکال مشترک یا نظریات عمومی حرکت می کند

(y eso a pesar de toda la multiplicidad y variedad que muestra)

(او دا د تولو کثرت او تنوع سره سره چی دا بنکاره کوی)

y éstos no pueden desaparecer por completo sino con la desaparición total de los antagonismos de clase

و اینها نمی توانند به طور کامل از بین بروند مگر با از بین رفتن کامل تضادهای طبقاتی

La revolución comunista es la ruptura más radical con las relaciones tradicionales de propiedad

انقلاب کمونیستی با روابط سنتی مالکیت بسیار رادیکال است

No es de extrañar que su desarrollo implique la ruptura más radical con las ideas tradicionales

جای تعجب نیست که توسعه آن شامل جدایی بسیار رادیکال با ایده های سنتی است

Pero dejemos de lado las objeciones de la burguesía al comunismo

اما اجازه دهید با اعتراضات بورژوازی به کمونیزم کار کنیم

Hemos visto más arriba el primer paso de la revolución de la clase obrera

ما در بالا شاهد اولین قدم در انقلاب طبقه کارگر بودیم

Hay que elevar al proletariado a la posición de gobernante, para ganar la batalla de la democracia

پرولتاریا باید به مقام حاکمیت برسد ، تا در نبرد دموکراسی پیروز شود

El proletariado utilizará su supremacía política para arrebatar, poco a poco, todo el capital a la burguesía

پرولتاریا از برتری سیاسی خود استفاده خواهد کرد تا به تدریج تمام سرمایه را از بورژوازی بگیرد

centralizará todos los instrumentos de producción en manos del Estado

دا به د تولید ټول وسایل د دولت په لاس کې متمرکز کړی

En otras palabras, el proletariado organizado como clase dominante

به عبارت دیگر ، پرولتاریا به عنوان طبقه حاکم سازمان یافت

y aumentará el total de las fuerzas productivas lo más rápidamente posible

او دا به د تولیدی قوتونو ټول په چټکی سره لور کړی

Por supuesto, al principio, esto no puede llevarse a cabo sino por medio de incursiones despóticas en los derechos de propiedad

البته ، در ابتدا ، این امر نمی تواند انجام شود مگر از طریق تجاوز استبدادی به حقوق مالکیت

y tiene que lograrse en las condiciones de la producción burguesa

او باید د بورژوازی د تولید په شرایطو کی ترلاسه شی

Por lo tanto, se logra mediante medidas que parecen económicamente insuficientes e insostenibles

له دی امله ، دا د هغو اقداماتو له لاري ترلاسه کیږی چی له اقتصادی پلوه ناکافی او ناقابل دفاع بنکاری

pero estos medios, en el curso del movimiento, se superan a sí mismos

اما این وسایل ، در جریان جنبش ، از خود پیشی می گیرند

Requieren nuevas incursiones en el viejo orden social

دوی په زاره تولنیز نظم کی د نورو بریدونو ارتیا لری

y son ineludibles como medio de revolucionar por completo el modo de producción

و آنها به عنوان یک وسیله برای انقلاب کامل در شیوه تولید اجتناب ناپذیر هستند

Por supuesto, estas medidas serán diferentes en los distintos países

البته دا اقدامات به په بیلابیلو هیوادونو کې توپیر ولری

Sin embargo, en los países más avanzados, lo siguiente será de aplicación bastante general

با این حال ، در پیشرفته ترین کشورها ، موارد زیر به طور کلی قابل اجرا خواهد بود

1. Abolición de la propiedad de la tierra y aplicación de todas las rentas de la tierra a fines públicos.

۱ . د ځمکې د ملکیت لغوه کول او د ځمکې د تولو کرایی د عامه اهدافو د لپاره استعمال.

2. Un fuerte impuesto progresivo o gradual sobre la renta.

۲. د عایداتو درانه تدریجی یا تدریجی مالیه.

3. Abolición de todo derecho de herencia.

۳. د وراثت د تولو حقونو لغوه.

4. Confiscación de los bienes de todos los emigrantes y rebeldes.

۴ . مصادره اموال تمام مهاجرین و شورشیان .

5. Centralización del crédito en manos del Estado, por medio de un banco nacional de capital estatal y monopolio exclusivo.

۵ . تمرکز اعتبار در دست دولت ، از طریق یک بانک ملی با سرمایه دولتی و انحصار انحصاری .

6. Centralización de los medios de comunicación y transporte en manos del Estado.

۶ . د مخابراتو او ترانسپورت د وسایلو مرکزیت د دولت په لاس کې .

7. Ampliación de fábricas e instrumentos de producción propiedad del Estado

۷ . د فابریکو او تولیدی وسایلو پراخول چی د دولت ملکیت دی

la puesta en cultivo de tierras baldías y el mejoramiento del suelo en general de acuerdo con un plan común.

د ویجاړ خُمکو کرلو ته راوړل ، او د خاوري بنه والی په عمومی توګه د
یو ګډ پلان سره سم .

8. Igual responsabilidad de todos hacia el trabajo

د کار په وراندي د تولو مساوی مسؤلیت . ٨

Establecimiento de ejércitos industriales, especialmente para la agricultura.

د صنعتی لښکرو جوړول ، په ځانګړي توګه د زراعت لپاره.

9. Combinación de la agricultura con las industrias manufactureras

د زراعت او تولیدی صنایعو ترکیب . 9

Abolición gradual de la distinción entre la ciudad y el campo, por una distribución más equitativa de la población en todo el país.

په تدریجی توګه د ښار او هېواد تر منځ د توپیر له منځه وړل ، په هېواد
کي د نفوسو د زیاتی مساوی وېش.

10. Educación gratuita para todos los niños en las escuelas públicas.

په دولتی ښوونځیو کي د تولو ماشومانو لپاره وړیا زده کړه . 10

Abolición del trabajo infantil en las fábricas en su forma actual

د ماشومانو په فابریکه کي د کار له منځه وړل په اوسني شکل کي

Combinación de la educación con la producción industrial

د ښووني او روزني او صنعتی تولید ترکیب

Cuando, en el curso del desarrollo, las distinciones de clase han desaparecido

هنګامی که در جریان توسعه ، تفاوت های طبقاتی از بین رفته اند

y cuando toda la producción se ha concentrado en manos de una vasta asociación de toda la nación

او کله چی ټول تولیدات د ټول ملت د یوي پراخي ټولني په لاس کي
متمرکز شی

entonces el poder público perderá su carácter político

په دي وخت کي به عامه واک خپل سیاسی خصلت له لاسه ورکړی .

El poder político, propiamente dicho, no es más que el poder organizado de una clase para oprimir a otra

قدرت سیاسی ، که به درستی به اصطلاح نامیده می شود ، فقط قدرت
سازمان یافته یک طبقه برای سرکوب طبقه دیګر است

Si el proletariado, en su lucha contra la burguesía, se ve obligado, por la fuerza de las circunstancias, a organizarse como clase

اگر پرولتاریا در جریان رقابت با بورژوازی مجبور به سازماندهی خود به عنوان یک طبقه باشد

si, por medio de una revolución, se convierte en la clase dominante

اگر با استفاده از یک انقلاب ، خود را به طبقه حاکم تبدیل کند

y, como tal, barre por la fuerza las viejas condiciones de producción

و به این ترتیب ، شرایط قدیمی تولید را به زور جارو می کند

entonces, junto con estas condiciones, habrá barrido las condiciones para la existencia de los antagonismos de clase y de las clases en general

در این صورت ، همراه با این شرایط ، شرایط وجود تضادهای طبقاتی و طبقات به طور کلی را از بین خواهد برد

y con ello habrá abolido su propia supremacía como clase.

او په دي توگه به د یوه طبقي په توگه خپل برتری له منځه یوسی.

En lugar de la vieja sociedad burguesa, con sus clases y sus antagonismos de clase, tendremos una asociación

به جای جامعه بورژوازی قدیمی ، با طبقات و تضادهای طبقاتی آن ، ما باید یک انجمن داشته باشیم

una asociación en la que el libre desarrollo de cada uno sea la condición para el libre desarrollo de todos

هغه تولنه چی په هغه کی د هر یوه ازاد پرمختگ شرط د تولو د آزادي پرمختگ شرط وی

1) Socialismo reaccionario

ارتجاعی سوسیالیزم

a) Socialismo feudal

الف (فیودالی سوسیالیزم

las aristocracias de Francia e Inglaterra tenían una posición histórica única

د فرانسي او انګلستان اشرافیانو یو ځانګړی تاریخی موقف درلود

se convirtió en su vocación escribir panfletos contra la sociedad burguesa moderna

این وظیفه آنها شد تا رساله هایی علیه جامعه بورژوازی مدرن بنویسند

En la Revolución Francesa de julio de 1830 y en la agitación reformista inglesa

در انقلاب فرانسه در جولای 1830 ، و در تحریک اصلاحات انګلستان

Estas aristocracias sucumbieron de nuevo ante el odioso advenedizo

این اشراف دوباره تسلیم نفرت انګیز تازه کار شدند

A partir de entonces, una contienda política seria quedó totalmente fuera de discusión

له هغه وروسته ، یوه جدی سیاسی سیالی په بشپره توګه د پوښتنی ور نه وه

Todo lo que quedaba posible era una batalla literaria, no una batalla real

تنها چیزی که ممکن بود ادبی مبارزه بود ، نه یک جنګ واقعی

Pero incluso en el dominio de la literatura, los viejos gritos del período de la restauración se habían vuelto imposibles

اما حتی در حوزه ادبیات ، فریادهای قدیمی دوره ترمیم ناممکن شده بود

Para despertar simpatías, la aristocracia se vio obligada a perder de vista, aparentemente, sus propios intereses

د خواخوری د راپارولو لپاره ، اشرافیان مجبور وو چی ظاهراً د خپلو کتو څخه سترګی پټی کړی

y se vieron obligados a formular su acusación contra la burguesía en interés de la clase obrera explotada

و آنها مجبور شدند تا اتهامات خود را علیه بورژوازی به نفع طبقه کارګر استثمار شده تنظیم کنند

Así, la aristocracia se vengó cantando sátiras a su nuevo amo

په دي توګه اشرافيانو خپل انتقام د خپل نوی بادار په سندرو ويلو سره واخيست

y se vengaron susurrándole al oído siniestras profecías de catástrofe venidera

او د هغه په غوږونو کي يي د راتلونکي فاجعي شوم وړاندويني په زمزمه کولو سره خپل انتقام واخيست

De esta manera surgió el socialismo feudal: mitad lamentación, mitad sátira

په این ترتیب سوسیالیزم فیودالی به وجود آمد: نیم مرثیه ، نیم تمسخر

Sonaba como medio eco del pasado y proyectaba mitad amenaza del futuro

دا د تېر وخت د نيمايي انعکاس په خبر غږېده، او د راتلونکي نيمه ګواښ يي وړاندوينه کړي وه

a veces, con su crítica amarga, ingeniosa e incisiva, golpeó a la burguesía hasta la médula

ګاهی اوقات ، با انتقاد تلخ ، شوخ و قاطع ، بورژوازی را تا قلب ضربه می زد

pero siempre fue ridículo en su efecto, por su total incapacidad para comprender la marcha de la historia moderna

اما این همیشه در اثر خود مضحک بود ، از طریق ناتوانی کامل در درک مارش تاریخ مدرن

La aristocracia, con el fin de atraer al pueblo hacia ellos, agitaba la bolsa de limosnas proletaria delante como una bandera

اشراف ، برای اینکه مردم را به سمت خود بسیج کنند ، کیسه صدقه پرولتاریا را در مقابل یک پرچم تکان دادند

Pero el pueblo, tan a menudo como se unía a ellos, veía en sus cuartos traseros los antiguos escudos de armas feudales

خو کله چي خلکو له دوی سره يوځای کېده ، په شا يي د فيودال زاړه نښان وليدل

y desertaron con carcajadas ruidosas e irreverentes

او هغوی په لور اواز او بي احترامي خندا پرېښنودل

Un sector de los legitimistas franceses y de la "Joven Inglaterra" exhibió este espectáculo

د فرانسوی لژیتیمیستانو او "څوان انګلستان "یوه برخه دا ننداره ننداري
ته وراندي کړه

los feudales señalaban que su modo de explotación era
diferente al de la burguesía

فیوداليستانو اشاره وکړه چي د هغوی د استثمار طريقه له بورژوازی
سره توپير لري

Los feudales olvidan que explotaron en circunstancias y
condiciones muy diferentes

فیوداليست ها فراموش مى کنند که آنها در شرايط و شرايطى که کاملا
متفاوت بودند ، استثمار کردند

Y no se dieron cuenta de que tales métodos de explotación
ahora son anticuados

و آنها متوجه نشدند که چنين روش های استثمار اکنون کهنه شده اند

demostraron que, bajo su gobierno, el proletariado moderno
nunca existió

آنها نشان دادند که تحت حاکميت آنها ، پرولتاریای مدرن هرگز وجود
نداشته است

pero olvidan que la burguesía moderna es el vástago
necesario de su propia forma de sociedad

اما آنها این را فراموش مى کنند که بورژوازی مدرن فرزندان ضروری
جامعه خود است

Por lo demás, apenas ocultan el carácter reaccionario de su
crítica

برای بقیه ، آنها به سختی شخصيت ارتجاعی انتقاد خود را پنهان مى کنند

su principal acusación contra la burguesía es la siguiente

د بورژوازی په وراندي د هغوی اصلی اتهام په لاندي دول دی :

bajo el régimen de la burguesía se está desarrollando una
clase social

تحت رژیم بورژوازی یک طبقه اجتماعی در حال توسعه است

Esta clase social está destinada a cortar de raíz el viejo orden
de la sociedad

د دي تولنيز طبقي تقدير دا دی چي د تولني زاړه نظم ريښي او څانګي له
منځه يوسی

Lo que reprochan a la burguesía no es tanto que cree un
proletariado

چیزی که آنها بورژوازی را با آن سرزنش می کنند آنقدر نیست که پرولتاریا ایجاد کند

lo que reprochan a la burguesía es más bien que crea un proletariado revolucionario

آنچه که آنها بورژوازی را با آن سرزنش می کنند ، بیشتر از این است که یک پرولتاریای انقلابی ایجاد می کند

En la práctica política, por lo tanto, se unen a todas las medidas coercitivas contra la clase obrera

بنابراین ، در عمل سیاسی ، آنها در تمام اقدامات اجباری علیه طبقه کارگر شرکت می کنند

Y en la vida ordinaria, a pesar de sus frases altisonantes, se inclinan a recoger las manzanas de oro que caen del árbol de la industria

او په عادی ژوند کی ، د خپلو لورو جملو سره سره ، هغوی تیتیږی او د صنعت له ونی څخه غورځول شوی طلایی منی راپورته کوی

y trocan la verdad, el amor y el honor por el comercio de lana, azúcar de remolacha y aguardiente de patata

او هغوی رښتیا ، مینه او درناوی په وریو ، چغندر بوره او د کچالو په ارواح کی د سوداگری په بدل کی تبادله کوی

Así como el párroco ha ido siempre de la mano con el terrateniente, así también lo ha hecho el socialismo clerical con el socialismo feudal

، همانطور که کشیش همیشه با زمیندار دست در دست رفته است روحانیون سوسیالیزم با سوسیالیزم فیودالی نیز همین کار را کرده است

Nada es más fácil que dar al ascetismo cristiano un tinte socialista

هیچ چیز آسان تر از این نیست که به ریاضت مسیحی یک رنگ سوسیالیستی بدهیم

¿No ha declamado el cristianismo contra la propiedad privada, contra el matrimonio, contra el Estado?

آیا مسیحیت علیه مالکیت خصوصی ، ازدواج ، علیه دولت ادعا نکرده است ؟

¿No ha predicado el cristianismo en lugar de estos, la caridad y la pobreza?

آیا مسیحیت به جای اینها ، صدقه و فقر تبلیغ نکرده است ؟

¿Acaso el cristianismo no predica el celibato y la mortificación de la carne, la vida monástica y la Madre Iglesia?

آیا مسیحیت تجرد و مرگ جسم، رهبانیت زندگی و کلیسای مادر را تبلیغ نمی کند؟

El socialismo cristiano no es más que el agua bendita con la que el sacerdote consagra los ardores del corazón del aristócrata

مسیحی سوسیالیزم یوازې هغه سپېڅلی اوبه دی چي کشیش د اشراف د زړه سوځوني تقدیس کوی

b) Socialismo pequeñoburgués

ب (خرده بورژوازی سوسیالیزم

La aristocracia feudal no fue la única clase arruinada por la
burguesía

فیودالی اشرافیت یوازینی طبقه نه وه چي د بورژوازی له خوا تباه شوه
no fue la única clase cuyas condiciones de existencia
languidecieron y perecieron en la atmósfera de la sociedad
burguesa moderna

این تنها طبقه ای نبود که شرایط وجودش در فضای مدرن بورژوازی
جامعه نابود و از بین رفت

Los burgueses medievales y los pequeños propietarios
campesinos fueron los precursores de la burguesía moderna

د منځنیو پیړیو بورگس او کوچنی دهقانان مالکان د معاصر بورژوازی
مخکښنان وو

En los países poco desarrollados, industrial y
comercialmente, estas dos clases siguen vegetando una al
lado de la otra

در آن کشورها که از نظر صنعتی و تجاری کمی توسعه یافته اند ، این
دو طبقه هنوز هم در کنار هم رشد می کنند

y mientras tanto la burguesía se levanta junto a ellos:
industrial, comercial y políticamente

، و در عین حال بورژوازی در کنار آنها قیام می کند :از نظر صنعتی
تجاری و سیاسی

En los países donde la civilización moderna se ha
desarrollado plenamente, se ha formado una nueva clase de
pequeña burguesía

در کشورهایی که تمدن مدرن به طور کامل توسعه یافته است ، یک طبقه
جدید از خرده بورژوازی شکل گرفته است

esta nueva clase social fluctúa entre el proletariado y la
burguesía

این طبقه جدید اجتماعی بین پرولتاریا و بورژوازی در نوسان است

y siempre se renueva como parte complementaria de la
sociedad burguesa

او تل د بورژوازی تولني د یوي تکمیلي برخي په توگه خپل ځان تجدید
کوی

Sin embargo, los miembros individuales de esta clase son constantemente arrojados al proletariado

با این حال ، افراد انفرادی این طبقه دائما به پرولتاریا پرتاب می شوند

son absorbidos por el proletariado a través de la acción de la competencia

آنها توسط پرولتاریا از طریق رقابت مکیده می شوند

A medida que la industria moderna se desarrolla, incluso ven acercarse el momento en que desaparecerán por completo como sección independiente de la sociedad moderna

همانطور که صنعت مدرن پیشرفت می کند ، آنها حتی می بینند که لحظه ای نزدیک می شود که آنها به طور کامل به عنوان یک بخش مستقل از جامعه مدرن ناپدید می شوند

Serán reemplazados, en las manufacturas, la agricultura y el comercio, por vigilantes, alguaciles y tenderos

د هغوی ځای به د تولیداتو ، زراعت او سوداگری په برخه کې د څارونکو ، وکیلانو او دوکاندارانو لخوا ونیول شی

En países como Francia, donde los campesinos constituyen mucho más de la mitad de la población

در کشور هایی مانند فرانسه ، جایی که دهقانان بیش از نیمی از جمعیت را تشکیل می دهند

era natural que hubiera escritores que se pusieran del lado del proletariado contra la burguesía

طبیعی بود که نویسندگانی وجود دارند که در مقابل بورژوازی در کنار پرولتاریا قرار گرفتند

en su crítica al régimen burgués utilizaron el estandarte de la pequeña burguesía campesina

آنها در انتقاد خود از رژیم بورژوازی از معیار دهقان و خرده بورژوازی استفاده کردند

Y desde el punto de vista de estas clases intermedias, toman el garrote de la clase obrera

و از نقطه نظر این طبقات متوسط ، آنها برای طبقه کارگر چماق را به دست می گیرند

Así surgió el socialismo pequeñoburgués, del que Sismondi era el jefe de esta escuela, no sólo en Francia, sino también en Inglaterra

په دې توګه کوچنۍ بورژوازۍ سوسیالیزم رامنځ ته شو ، چې سیسموندي
نه یوازې په فرانسه کې بلکې په انګلستان کې هم د دې مکتب مشر و

Esta escuela del socialismo diseccionó con gran agudeza las
contradicciones de las condiciones de producción moderna

این مکتب سوسیالیزم با شدت تضادهای شرایط تولید مدرن را تشریح کرد

Esta escuela puso al descubierto las apologías hipócritas de
los economistas

دې مکتب د اقتصاد پوهانو ریاکارانه بخښنه بربنډه کړه

Esta escuela demostró, incontrovertiblemente, los efectos
desastrosos de la maquinaria y de la división del trabajo

این مکتب ، بدون شک ، اثرات فاجعه آمیز ماشین آلات و تقسیم کار را
ثابت کرد

Probó la concentración del capital y de la tierra en pocas
manos

دا ثابته کړه چې د پانګي او ګڼمکي تمرکز په څو لاسونو کې دی

demostró cómo la sobreproducción conduce a las crisis de la
burguesía

این ثابت کرد که چگونه تولید بیش از حد منجر به بحران بورژوازی می
شود

señalaba la ruina inevitable de la pequeña burguesía y del
campesino

این به نابودی اجتناب ناپذیر خرده بورژوازی و دهقانان اشاره می کرد

la miseria del proletariado, la anarquía en la producción, las
desigualdades flagrantes en la distribución de la riqueza

بدبختی پرولتاریا ، هرج و مرج در تولید ، نابرابری های فریاد در
توزیع ثروت

Mostró cómo el sistema de producción lidera la guerra
industrial de exterminio entre naciones

دا وېنودله چې څنګه د تولید سیستم د ملتونو تر منځ د نابودی صنعتی
جنګ رهبری کوی

la disolución de los viejos lazos morales, de las viejas
relaciones familiares, de las viejas nacionalidades

انحلال پیوندهای اخلاقی قدیمی ، روابط خانوادگی قدیمی ، ملیت های
قدیمی

Sin embargo, en sus objetivos positivos, esta forma de
socialismo aspira a lograr una de dos cosas

با این حال ، در اهداف مثبت خود ، این شکل از سوسیالیزم آرزو دارد
که یکی از دو چیز را بدست آورد

o bien pretende restaurar los antiguos medios de producción
y de intercambio

یا هم هدف یی د تولید او تبادلی زاره وسایل دی

y con los viejos medios de producción restauraría las viejas
relaciones de propiedad y la vieja sociedad

و با استفاده از وسایل تولید قدیمی ، روابط مالکیت قدیمی و جامعه قدیمی
را احیا می کند

o pretende apretar los medios modernos de producción e
intercambio en el viejo marco de las relaciones de propiedad

یا هدف آن این است که وسایل تولید و مبادله مدرن را در چارچوب
قدیمی روابط مالکیت محدود کند

En cualquier caso, es a la vez reaccionario y utópico

در هر صورت ، هم ارتجاعی و هم اتوپیایی است

Sus últimas palabras son: gremios corporativos para la
manufactura, relaciones patriarcales en la agricultura

آخرین کلمات آن عبارتند از :انجمن های شرکتی برای تولید ، روابط
پدرسالارانه در زراعت

En última instancia, cuando los obstinados hechos históricos
habían dispersado todos los efectos embriagadores del
autoengaño

در نهایت ، زمانی که سرسخت تاریخی حقایق تمام اثرات مست کننده
خود فریبی را تیت و پرک کرده بود

esta forma de socialismo terminó en un miserable ataque de
lástima

این شکل از سوسیالیزم در یک بدبختی ترحم به پایان رسید

c) Socialismo alemán o "verdadero"

ج (آلمانی ، یا "حقیقی "، سوسیالیزم

La literatura socialista y comunista de Francia se originó
bajo la presión de una burguesía en el poder

ادبیات سوسیالیستی و کمونیستی فرانسه تحت فشار بورژوازی در قدرت
سرچشمه گرفت

Y esta literatura era la expresión de la lucha contra este
poder

. او دغه ادب د دي قدرت په وراندي د مبارزي څرګندونه وه

se introdujo en Alemania en un momento en que la
burguesía acababa de comenzar su lucha contra el
absolutismo feudal

این کشور در زمانی به آلمان معرفی شد که بورژوازی تازه رقابت خود
را با استبداد فیودالی آغاز کرده بود

Los filósofos alemanes, los aspirantes a filósofos y los beaux
esprits, se apoderaron con avidez de esta literatura

آلمانی فیلسوفان ، فیلسوفان احتمالی ، و زیبایی ها ، با اشتیاق این ادبیات
را به دست آوردند

pero olvidaron que los escritos emigraron de Francia a
Alemania sin traer consigo las condiciones sociales francesas

خو هغوی دا هیر کړل چي لیکني له فرانسي څخه آلمان ته مهاجر شوی
دی ، پرته له دي چی د فرانسي ټولنیز شرایط له ځان سره راوړی

En contacto con las condiciones sociales alemanas, esta
literatura francesa perdió toda su significación práctica
inmediata

در تماس با شرایط اجتماعی آلمان ، این ادبیات فرانسوی تمام اهمیت
عملی خود را از دست داد

y la literatura comunista de Francia asumió un aspecto
puramente literario en los círculos académicos alemanes

و ادبیات کمونیستی فرانسه در محافل علمی آلمان یک جنبه خالص ادبی
به خود گرفت

Así, las exigencias de la primera Revolución Francesa no
eran más que las exigencias de la "Razón Práctica"

بنابراین ، خواسته های انقلاب اول فرانسه چیزی بیش از خواسته های
عقل عملی "نبود"

y la expresión de la voluntad de la burguesía revolucionaria francesa significaba a sus ojos la ley de la voluntad pura

او د فرانسي انقلابي بورژوازۍ د ارادي بيان د هغوی په سترگو کې د خالص ارادي قانون دلالت کاوه

significaba la Voluntad tal como estaba destinada a ser; de la verdadera Voluntad humana en general

دا د ارادي دلالت کوی لکه څنگه چي بايد وی .په عمومي توگه د حقيقي انساني ارادي

El mundo de los literatos alemanes consistía únicamente en armonizar las nuevas ideas francesas con su antigua conciencia filosófica

جهان ادبيات آلماني تنها شامل آوردن ايده های جديد فرانسوی با وجدان قديمی فلسفی آنها بود

o mejor dicho, se anexionaron las ideas francesas sin abandonar su propio punto de vista filosófico

يا بهتر است بگوييم ، آنها ايده های فرانسوی را بدون ترک ديدگاه فلسفی خود ضميمه کردند

Esta anexión se llevó a cabo de la misma manera en que se apropia una lengua extranjera, es decir, por traducción

اين الحاق به همان شيوه صورت گرفت که در آن يک زبان خارجی اختصاص داده می شود ، يعنی از طريق ترجمه

Es bien sabido cómo los monjes escribieron vidas tontas de santos católicos sobre manuscritos

دا مشهوره ده چي راهبانو څنگه د کاتوليک مقدسينو احمقانه ژوند د نسخو په اره ليکلی

los manuscritos sobre los que se habían escrito las obras clásicas del antiguo paganismo

هغه نسخي چي د لرغوني کافرانو کلاسيکي کارونه پري ليکل شوی وو

Los literatos alemanes invirtieron este proceso con la literatura profana francesa

آلمانی ادبيات اين روند را با ادبيات ناپاک فرانسوی معکوس کرد

Escribieron sus tonterías filosóficas bajo el original francés

آنها مزخرفات فلسفی خود را زير اصل فرانسوی نوشتند

Por ejemplo, debajo de la crítica francesa a las funciones económicas del dinero, escribieron "Alienación de la humanidad"

به عنوان مثال ، در زیر انتقاد فرانسوی از وظایف اقتصادی پول ، آنها
نوشتند "بیگانگی بشریت"

debajo de la crítica francesa al Estado burgués escribieron
"destronamiento de la categoría de general"

در زیر انتقاد فرانسوی از دولت بورژوازی ، آنها نوشتند "خلع طبقه
بندی جنرال"

La introducción de estas frases filosóficas en el reverso de
las críticas históricas francesas las denominó:

مقدمه این عبارات فلسفی در پشت انتقادات تاریخی فرانسه آنها نامیده اند:

"Filosofía de la acción", "Socialismo verdadero", "Ciencia
alemana del socialismo", "Fundamentos filosóficos del
socialismo", etc

"فلسفه عمل "، "سوسیالیزم واقعی "، "علم سوسیالیزم آلمانی "، "بنیاد
فلسفی سوسیالیسم "و غیره

De este modo, la literatura socialista y comunista francesa
quedó completamente castrada

په دې توګه د فرانسي سوسیالیستی او کمونیستی ادبیات په بشپړه توګه
کمزوری شو

en manos de los filósofos alemanes dejó de expresar la lucha
de una clase con la otra

در دست فیلسوفان آلمانی ، از بیان مبارزه یک طبقه با طبقه دیگر دست
کشید

y así los filósofos alemanes se sintieron conscientes de haber
superado la "unilateralidad francesa"

و بنابراین فیلسوفان آلمانی احساس می کردند که بر "یک طرفه
فرانسوی "غلبه کرده اند

no tenía que representar requisitos verdaderos, sino que
representaba requisitos de verdad

لازم نبود که تقاضاهای واقعی را نمایندگی کند ، بلکه ، این تقاضاهای
حقیقت را نمایندگی می کرد

no había interés en el proletariado, más bien, había interés
en la Naturaleza Humana

پرولتاریا علاقه ای به پرولتاریا وجود نداشت ، بلکه علاقه به طبیعت
انسانی وجود داشت

el interés estaba en el Hombre en general, que no pertenece
a ninguna clase y no tiene realidad

علاقه به انسان به طور کلی بود ، که به هیچ طبقه ای تعلق ندارد و هیچ واقعیت ندارد

Un hombre que sólo existe en el brumoso reino de la fantasía filosófica

یو سری چی یوازې د فلسفی خیالی په مه آلود قلمرو کې وجود لری

pero con el tiempo este colegial socialismo alemán también perdió su inocencia pedante

اما بالاخره این دانش آموز آلمانی سوسیالیزم نیز معصومیت خود را از دست داد

la burguesía alemana, y especialmente la burguesía prusiana, lucharon contra la aristocracia feudal

بورژوازی آلمان ، و به ویژه بورژوازی پروس علیه اشرافیت فیودالی مبارزه کردند

la monarquía absoluta de Alemania y Prusia también estaba siendo combatida

سلطنت مطلقه آلمان و پروس نیز علیه آن مبارزه می کرد

Y a su vez, la literatura del movimiento liberal también se hizo más seria

و به نوبه خود ، ادبیات جنبش لیبرال نیز جدی تر شد

Se le ofreció a Alemania la tan deseada oportunidad del "verdadero" socialismo

فرصت آلمان برای سوسیالیسم "واقعی "ارائه شد

la oportunidad de confrontar al movimiento político con las reivindicaciones socialistas

فرصت مقابله با جنبش سیاسی با خواسته های سوسیالیستی

la oportunidad de lanzar los anatemas tradicionales contra el liberalismo

فرصت برای پرتاب عنعنات سنتی علیه لیبرالیزم

la oportunidad de atacar al gobierno representativo y a la competencia burguesa

فرصت حمله به نماینده دولت و رقابت بورژوازی

Libertad de prensa burguesa, Legislación burguesa, Libertad e igualdad burguesa

بورژوازی آزادی مطبوعات ، بورژوازی قانون گذاری ، بورژوازی آزادی و برابری

Todo esto ahora podría ser criticado en el mundo real, en lugar de en la fantasía

دا ټول اوس کیدای شی په حقیقی نړۍ کی نقد شی، نه په خیالی

La aristocracia feudal y la monarquía absoluta habían predicado durante mucho tiempo a las masas

فیوډالی اشرافیت او مطلقه سلطنت له اوږدې مودي راهیسي خلکو ته موعظه کړي وه

"El obrero no tiene nada que perder y tiene todo que ganar"

کارګر د لاسه ورکولو لپاره څه نه لري ، او هغه هر څه لري چي" "ترلاسه یي کړی

el movimiento burgués también ofrecía la oportunidad de hacer frente a estos tópicos

جنبش بورژوازی نیز یک فرصت برای مقابله با این مبتذل ها را فراهم کرد

la crítica francesa presuponía la existencia de la sociedad burguesa moderna

انتقاد فرانسوی وجود جامعه مدرن بورژوازی را از پیش فرض می کرد

Las condiciones económicas de existencia de la burguesía y la constitución política de la burguesía

د بورژوازی اقتصادی شرایط او بورژوازی سیاسی اساسی قانون

las mismas cosas cuya consecución era el objeto de la lucha pendiente en Alemania

همان چیزهایی که دستیابی به آنها هدف مبارزه در آلمان بود

El estúpido eco del socialismo alemán abandonó estos objetivos justo a tiempo

انعکاس احمقانه سوسیالیزم آلمان این اهداف را در زمان مناسب رها کرد

Los gobiernos absolutos tenían sus seguidores de párrocos, profesores, escuderos y funcionarios

مطلق حکومتونه د کشیشانو ، پروفیسورانو ، د هېواد د مقاماتو او چارواکو پیروان درلودل

el gobierno de la época se enfrentó a los levantamientos de la clase obrera alemana con azotes y balas

دولت وقت با شورش های طبقه کارگر آلمان با شلاق و مرمی روبرو شد

para ellos este socialismo servía de espantapájaros contra la burguesía amenazadora

برای آنها این سوسیالیزم به عنوان یک مترسک خوشایند علیه بورژوازی تهدید کننده خدمت کرد

y el gobierno alemán pudo ofrecer un postre dulce después de las píldoras amargas que repartió

و دولت آلمان توانست بعد از قرص های تلخ که توزیع می کرد ، یک شیرینی شیرین ارائه کند

este "verdadero" socialismo servía así a los gobiernos como arma para combatir a la burguesía alemana

به این ترتیب این سوسیالیسم "واقعی "به عنوان سلاحی برای مبارزه با بورژوازی آلمان به دولت ها خدمت کرد

y, al mismo tiempo, representaba directamente un interés reaccionario; la de los filisteos alemanes

او په عین حال کي یی نبغ په نبغه د ارتجاعی گتو استازیتوب کاوه .د جرمنی فلسطینیانو

En Alemania, la pequeña burguesía es la verdadera base social del actual estado de cosas

در آلمان طبقه خرده بورژوازی اساس واقعی وضعیت موجود است

Una reliquia del siglo XVI que ha ido surgiendo constantemente bajo diversas formas

د شپارسمي پیړی یادگار چی په دوامداره توگه په مختلفو بڼو کي رامنځته کیږی

Preservar esta clase es preservar el estado de cosas existente en Alemania

حفظ این طبقه به معنای حفظ وضعیت موجود در آلمان است

La supremacía industrial y política de la burguesía amenaza a la pequeña burguesía con una destrucción segura

برتری صنعتی و سیاسی بورژوازی خرده بورژوازی را با نابودی قطعی تهدید می کند

por un lado, amenaza con destruir a la pequeña burguesía a través de la concentración del capital

از یک طرف تهدید می کند که خرده بورژوازی را از طریق تمرکز سرمایه نابود خواهد کرد

por otra parte, la burguesía amenaza con destruirla mediante el ascenso de un proletariado revolucionario

از سوی دیگر ، بورژوازی تهدید می کند که از طریق ظهور یک پرولتاریای انقلابی ، آن را نابود خواهد کرد

El "verdadero" socialismo parecía matar estos dos pájaros de un tiro. Se extendió como una epidemia

به نظر می رسید که سوسیالیزم "واقعی "این دو مرغ را با یک تیره می کشد .دا د اپیدمی په خیر خپره شوه

El manto de telarañas especulativas, bordado con flores de retórica, empapado en el rocío de un sentimiento enfermizo

، د قیاس لرونکو جالونو چپنه ، چی د بلاغت په گلونو گلدوزی شوی وه د ناروغ احساساتو په شبنم کې ډوب شوی و

esta túnica trascendental en la que los socialistas alemanes envolvían sus tristes "verdades eternas"

این ردای ماورایی که در آن سوسیالیستهای آلمان "حقایق ابدی "تاسف بار خود را در آن پیچیده بودند

toda la piel y los huesos, sirvieron para aumentar maravillosamente la venta de sus productos entre un público tan

ټول پوستکی او هډوکی ، په حیرانوونکی ډول د خپلو مالونو خرڅلاو په داسی خلکو کې زیات کړی

Y por su parte, el socialismo alemán reconocía, cada vez más, su propia vocación

و از طرف خود ، سوسیالیسم آلمان ، بیشتر و بیشتر ، خواست خود را به رسمیت شناخت

estaba llamado a ser el grandilocuente representante de la pequeña burguesía filistea

به آن بلل می شد تا نماینده بمب افکن فلسطینیان خرده بورژوازی باشد

Proclamaba que la nación alemana era la nación modelo, y que el pequeño filisteo alemán era el hombre modelo

این ملت آلمان را به عنوان یک ملت نمونه اعلام کرد ، و آلمانی کوچک فلسطینی نمونه مرد

A cada maldad malvada de este hombre modelo le daba una interpretación socialista oculta y superior

د دی ماډل سړی هر شرارت ته یی یو پټ ، لور ، سوسیالیستی تفسیر ورکړ

esta interpretación socialista superior era exactamente lo contrario de su carácter real

این تفسیر عالی سوسیالیستی دقیقا بر عکس خصلت اصلی آن بود

Llegó al extremo de oponerse directamente a la tendencia
"brutalmente destructiva" del comunismo

"این امر تا حد زیادی پیش رفت که مستقیما با تمایل "وحشیانه مخرب
کمونیزم مخالفت کرد

y proclamó su supremo e imparcial desprecio de todas las
luchas de clases

و اعلام کرد که تمام مبارزات طبقاتی بسیار بی طرفانه و بی طرفانه است

Con muy pocas excepciones, todas las publicaciones
llamadas socialistas y comunistas que ahora (1847) circulan
en Alemania pertenecen al dominio de esta literatura sucia y
enervante

به استثنای بسیار کمی ، تمام نشریات به اصطلاح سوسیالیستی و
کمونیستی که اکنون ١٨٤٧) (در آلمان به دست می آیند ، در حوزه این
ادبیات کثیف و تضعیف کننده قرار دارند

2) Socialismo conservador o socialismo burgués

محافظه کار سوسیالیزم ، یا بورژوازی سوسیالیزم

Una parte de la burguesía está deseosa de reparar los agravios sociales

د بورژوازی یوه برخه غواړی تولنیز نارضایتی حل کړی

con el fin de asegurar la continuidad de la sociedad burguesa

د دې لپاره چی د بورژوازی تولنی دوامداره موجودیت تضمین شی

A esta sección pertenecen economistas, filántropos, humanistas

په دی برخه کی اقتصاد پوهان ، بشردوستانه ، بشردوستانه کارپوهان شامل دی

mejoradores de la condición de la clase obrera y organizadores de la caridad

د کارگر طبقی د حالت بنه کوونکی او د خیریه چارو تنظیموونکی

Miembros de las Sociedades para la Prevención de la Crueldad contra los Animales

د حیواناتو سره د ظلم د مخنیوی د تولنو غړی

fanáticos de la templanza, reformadores de todo tipo imaginable

متعصبین اعتدال ، هر نوع اصلاح طلبان از هر نوع قابل تصور

Esta forma de socialismo, además, ha sido elaborada en sistemas completos

علاوه بر این ، این شکل از سوسیالیزم به سیستم های کامل تبدیل شده است

Podemos citar la "Philosophie de la Misère" de Proudhon como ejemplo de esta forma

موږ کولای شو د پرودون "فلسفه د لا میسر "د دی بنی د مثال په توګه راوړو

La burguesía socialista quiere todas las ventajas de las condiciones sociales modernas

سوسیالیست بورژوازی می خواهد تمام مزایای شرایط مدرن اجتماعی را بدست آورد

pero la burguesía socialista no quiere necesariamente las luchas y los peligros resultantes

اما سوسیالیست بورژوازی ضرورتا نمی خواهد که مبارزات و خطرات
ناشی از آن را داشته باشد

Desean el estado actual de la sociedad, menos sus elementos
revolucionarios y desintegradores

آنها خواهان وضعیت موجود جامعه هستند ، منهای عناصر انقلابی و
تجزیه شده آن

en otras palabras, desean una burguesía sin proletariado

به عبارت دیگر ، آنها آرزوی بورژوازی بدون پرولتاریا را دارند

La burguesía concibe naturalmente el mundo en el que es
supremo ser el mejor

بورژوازی په طبیعی توگه هغه نړی تصور کوی چی په هغه کی غوره
دی

y el socialismo burgués desarrolla esta cómoda concepción
en varios sistemas más o menos completos

و بورژوازی سوسیالیزم این مفهوم راحت را در سیستم های مختلف کم و
بیش کامل توسعه می دهد

les gustaría mucho que el proletariado marchara
directamente hacia la Nueva Jerusalén social

آنها بسیار دوست دارند که پرولتاریا مستقیما به سوی اورشلیم جدید
اجتماعی حرکت کند

pero en realidad requiere que el proletariado permanezca
dentro de los límites de la sociedad existente

اما در واقعیت این امر مستلزم آن است که پرولتاریا در محدوده جامعه
موجود باقی بماند

piden al proletariado que abandone todas sus ideas odiosas
sobre la burguesía

آنها از پرولتاریا می خواهند که تمام عقاید نفرت انگیز خود را در مورد
بورژوازی کنار بگذارد

hay una segunda forma más práctica, pero menos
sistemática, de este socialismo

یک شکل دوم بیشتر عملی ، اما کمتر سیستماتیک ، از این سوسیالیزم
وجود دارد

Esta forma de socialismo buscaba despreciar todo
movimiento revolucionario a los ojos de la clase obrera

این شکل از سوسیالیزم تلاش می کرد تا هر جنبش انقلابی را در نظر
طبقه کارگر کم ارزش کند

Argumentan que ninguna mera reforma política podría ser
ventajosa para ellos

دوی استدلال کوی چی یوازي سیاسی اصلاحات به دوی ته گټه نه وی

Sólo un cambio en las condiciones materiales de existencia
en las relaciones económicas es beneficioso

یوازي په اقتصادی اړیکو کي د موجودیت په مادی شرایطو کی بدلون
گټور دی

Al igual que el comunismo, esta forma de socialismo aboga
por un cambio en las condiciones materiales de existencia

د کمونیزم په څیر ، د سوسیالیزم دا شکل د وجود په مادی شرایطو کي د
بدلون پلوی کوی

sin embargo, esta forma de socialismo no sugiere en modo
alguno la abolición de las relaciones de producción
burguesas

با این حال ، این شکل از سوسیالیزم به هیچ وجه به معنای لغو روابط
تولیدی بورژوازی نیست

la abolición de las relaciones de producción burguesas sólo
puede lograrse mediante una revolución

از بین بردن روابط تولیدی بورژوازی تنها از طریق انقلاب امکان پذیر
است

Pero en lugar de una revolución, esta forma de socialismo
sugiere reformas administrativas

اما به جای انقلاب ، این شکل از سوسیالیزم ، اصلاحات اداری را
پیشنهاد می کند

y estas reformas administrativas se basarían en la
continuidad de estas relaciones

. او دا اداری اصلاحات به د دې اړیکو د دوام پر بنسټ وی

reformas, por lo tanto, que no afectan en ningún aspecto a
las relaciones entre el capital y el trabajo

بنابراین ، اصلاحات که به هیچ وجه بر روابط بین سرمایه و کار تأثیر
نمی گذارد

en el mejor de los casos, tales reformas disminuyen el costo
y simplifican el trabajo administrativo del gobierno burgués

در بهترین حالت ، چنین اصلاحات هزینه را کاهش می دهد و کار اداری
دولت بورژوازی را ساده می کند

El socialismo burgués alcanza una expresión adecuada cuando, y sólo cuando, se convierte en una mera figura retórica

بورژوایی سوسیالیزم هغه وخت کافی بیان ترلاسه کوی ، کله چې او یوازي هغه وخت چې یوازی د وینا شکل شی

Libre comercio: en beneficio de la clase obrera

تجارت آزاد :برای منافع طبقه کارگر

Deberes protectores: en beneficio de la clase obrera

حفاظتی دندي :د کارگر طبقی د گټی لپاره

Reforma Penitenciaria: en beneficio de la clase trabajadora

د زندانونو اصلاحات :د کارگر طبقی د گټی لپاره

Esta es la última palabra y la única palabra seria del socialismo burgués

این آخرین کلمه و تنها کلمه جدی بورژوازی سوسیالیزم است

Se resume en la frase: la burguesía es una burguesía en beneficio de la clase obrera

این عبارت در این جمله خلاصه می شود :بورژوازی یک بورژوازی است که به نفع طبقه کارگر است

3) Socialismo crítico-utópico y comunismo

انتقادی یوتوپیایی سوسیالیزم و کمونیزم

No nos referimos aquí a esa literatura que siempre ha dado voz a las reivindicaciones del proletariado

ما در اینجا به آن ادبیات اشاره نمی کنیم که همیشه به خواسته های پرولتاریا آواز داده است

esto ha estado presente en todas las grandes revoluciones modernas, como los escritos de Babeuf y otros

این در هر انقلاب بزرگ مدرن وجود داشته است ، مانند نوشته های بابوف و دیگران

Las primeras tentativas directas del proletariado para alcanzar sus propios fines fracasaron necesariamente

اولین تلاش های مستقیم پرولتاریا برای رسیدن به اهداف خود لزوما ناکام ماند

Estos intentos se hicieron en tiempos de excitación universal, cuando la sociedad feudal estaba siendo derrocada

این تلاش ها در زمان هیجان جهانی انجام شد ، زمانی که جامعه فیودالی سرنگون می شد

El entonces subdesarrollado del proletariado llevó a que fracasaran esos intentos

دولت توسعه نیافته پرولتاریا در آن زمان منجر به ناکامی این تلاش ها شد

y fracasaron por la ausencia de las condiciones económicas para su emancipación

و به دلیل نبود شرایط اقتصادی برای آن آزادی ناکام ماندند

condiciones que aún no se habían producido, y que sólo podían ser producidas por la inminente época de la burguesía

شرایطی که هنوز به وجود نیامده بود ، و می توانست تنها توسط دوره نزدیک بورژوازی ایجاد شود

La literatura revolucionaria que acompañó a estos primeros movimientos del proletariado tuvo necesariamente un carácter reaccionario

انقلابی ادبیات که با این اولین جنبش های پرولتاریا همراه بود ، ضرورتا دارای خصلت ارتجاعی بود

Esta literatura inculcó el ascetismo universal y la nivelación social en su forma más cruda

دي ادب نړيوال زهد او تولنيز سطح په خام ترين شکل کې تلقين کړ

Los sistemas socialista y comunista, propiamente dichos, surgen en el período temprano no desarrollado

سيستم های سوسياليستی و کمونيستی ، که به درستی به اصطلاح ناميده می شوند ، در اوايل دوره توسعه نيافته به وجود آمده اند

Saint-Simon, Fourier, Owen y otros, describieron la lucha entre el proletariado y la burguesía (ver sección 1)

سنت سيمون ، فوريه ، اوون و ديگران ، کشمکش بين پرولتاريا و بورژوازی را توصيف کردند   )بخش اول را ببينيد (

Los fundadores de estos sistemas ven, en efecto, los antagonismos de clase

بنستگران اين سيستم ها ، در واقع ، تضادهای طبقاتی را می بينند

también ven la acción de los elementos en descomposición, en la forma predominante de la sociedad

آنها همچنين عمل عناصر تجزيه کننده را در شکل غالب جامعه می بينند

Pero el proletariado, todavía en su infancia, les ofrece el espectáculo de una clase sin ninguna iniciativa histórica

اما پرولتاريا ، که هنوز در مراحل ابتدايی خود است ، آنها را به يک طبقه بدون ابتکار تاريخی ارائه می دهد

Ven el espectáculo de una clase social sin ningún movimiento político independiente

هغوی د يوي تولنيزي طبقي ننداره وينی چي کوم خپلواک سياسی حرکت نه لری

El desarrollo del antagonismo de clase sigue el mismo ritmo que el desarrollo de la industria

د طبقاتی تضاد پراختيا د صنعت د پرمختگ سره همغږی ساتی

De modo que la situación económica no les ofrece todavía las condiciones materiales para la emancipación del proletariado

بنابراين وضعيت اقتصادی هنوز شرايط مادی را برای آزادی پرولتاريا فراهم نمی کند

Por lo tanto, buscan una nueva ciencia social, nuevas leyes sociales, que creen estas condiciones

بنابراین آنها به دنبال یک علم اجتماعی جدید ، به دنبال قوانین جدید اجتماعی هستند ، که این شرایط را ایجاد می کنند

acción histórica es ceder a su acción inventiva personal

تاریخی عمل دا دی چی خپل شخصی اختراعی عمل ته تسلیم شئ

Las condiciones de emancipación creadas históricamente han de ceder ante condiciones fantásticas

شرایط تاریخی ایجاد شده برای آزادی باید به شرایط خیالی تسلیم شود

y la organización gradual y espontánea de clase del proletariado debe ceder ante la organización de la sociedad

و تدریجی ، خود به خودی طبقاتی سازمان پرولتاریا ، تسلیم شدن به سازمان جامعه است

la organización de la sociedad especialmente ideada por estos inventores

سازمان جامعه به طور خاص توسط این مخترعان ساخته شده است

La historia futura se resuelve, a sus ojos, en la propaganda y en la realización práctica de sus planes sociales

تاریخ آینده ، از نظر آنها ، خود را در تبلیغات و عملی اجرای برنامه های اجتماعی خود حل می کند

En la formación de sus planes son conscientes de preocuparse principalmente por los intereses de la clase obrera

در شکل گیری برنامه های خود ، آنها آگاه هستند که عمدتا به منافع طبقه کارگر توجه می کنند

Sólo desde el punto de vista de ser la clase más sufriente existe el proletariado para ellos

تنها از نقطه نظر اینکه بیشترین طبقه رنج کشیده است ، پرولتاریا برای آنها وجود دارد

El estado subdesarrollado de la lucha de clases y su propio entorno informan sus opiniones

وضعیت توسعه نیافته طبقاتی مبارزه و محیط اطراف آنها نظریات آنها را آگاه می کند

Los socialistas de este tipo se consideran muy superiores a todos los antagonismos de clase

این نوع سوسیالیست ها خود را بسیار برتر از تمام تضادهای طبقاتی می دانند

Quieren mejorar la condición de todos los miembros de la sociedad, incluso la de los más favorecidos

دوی غواړی چی د ټولنې د هر غړی حالت ښه کړی ، حتی د غوره کسانو حالت هم ښه کړی

De ahí que habitualmente atraigan a la sociedad en general, sin distinción de clase

له دې امله ، دوی په عادی توګه د طبقاتی تبعیض پرته په پراخه توګه ټولنې ته مراجعه کوی

Es más, apelan a la sociedad en general con preferencia a la clase dominante

بلکه آنها به طور کلی به جامعه متوسل می شوند و طبقه حاکمه را ترجیح می دهند

Para ellos, todo lo que se requiere es que los demás entiendan su sistema

برای آنها ، تمام چیزی که لازم است این است که دیگران سیستم خود را درک کنند

Porque, ¿cómo puede la gente no ver que el mejor plan posible es para el mejor estado posible de la sociedad?

زیرا چگونه ممکن است مردم نتوانند ببینند که بهترین برنامه ممکن برای بهترین حالت ممکن جامعه است ؟

Por lo tanto, rechazan toda acción política, y especialmente toda acción revolucionaria

از این رو ، آنها تمام اقدامات سیاسی ، و به ویژه انقلابی را رد می کنند

desean alcanzar sus fines por medios pacíficos

دوی غواړی چی په سوله ایزه لارو خپلو اهدافو ته ورسپیړی

se esfuerzan, mediante pequeños experimentos, que están necesariamente condenados al fracaso

دوی هڅه کوی ، د ورو تجربو له لاري ، چی په حتمی توګه د ناکامی محکوم دی

y con la fuerza del ejemplo tratan de abrir el camino al nuevo Evangelio social

او د مثال په زور هڅه کوی چی د نوی ټولنیز انجیل لپاره لاره هواره کړی

Cuadros tan fantásticos de la sociedad futura, pintados en un momento en que el proletariado se encuentra todavía en un estado muy subdesarrollado

چنین تصاویر خارق العاده از جامعه آینده ، در زمانی ترسیم شده است که پرولتاریا هنوز در یک وضعیت بسیار توسعه نیافته است

y todavía no tiene más que una concepción fantástica de su propia posición

و هنوز هم فقط یک تصور خیالی از موقعیت خود دارد

pero sus primeros anhelos instintivos corresponden a los anhelos del proletariado

اما اولین آرزوهای غریزی آنها با آرزوهای پرولتاریا مطابقت دارد

Ambos anhelan una reconstrucción general de la sociedad

دواړه د ټولنې د عمومی د رغونې هیله لری

Pero estas publicaciones socialistas y comunistas también contienen un elemento crítico

اما این نشریات سوسیالیستی و کمونیستی دارای یک عنصر انتقادی نیز هستند

Atacan todos los principios de la sociedad existente

دوی د موجوده ټولنې پر هر اصل برید کوی

De ahí que estén llenos de los materiales más valiosos para la ilustración de la clase obrera

از این رو آنها مملو از با ارزش ترین مواد برای روشن فکری طبقه کارگر هستند

Proponen la abolición de la distinción entre la ciudad y el campo, y la familia

آنها پیشنهاد می کنند که تفاوت بین شهر و روستا و خانواده از بین برود.

la supresión de la explotación de industrias por cuenta de los particulares

د خصوصی اشخاصو لپاره د صنایعو د چلولو لغوه کول

y la abolición del sistema salarial y la proclamación de la armonía social

او د معاشونو د سیستم له منځه وړل او د ټولنیز همغږی اعلانول

la conversión de las funciones del Estado en una mera superintendencia de la producción

د دولت د دندو بدلول یوازې د تولید د نظارت په توګه

Todas estas propuestas, apuntan únicamente a la desaparición de los antagonismos de clase

همه این پیشنهادات ، تنها به ناپدید شدن تضادهای طبقاتی اشاره می کند

Los antagonismos de clase estaban, en ese momento, apenas
surgiendo

تضادهای طبقاتی ، در آن زمان ، فقط در حال ظهور بودند

En estas publicaciones estos antagonismos de clase se
reconocen sólo en sus formas más tempranas, indistintas e
indefinidas

په دي خپرونو کي دا طبقاتی تضادونه يوازي په خپلو لومړنيو
ناخرګندو او ناتعريف شکلونو کي پيژندل شوی دی

Estas propuestas, por lo tanto, son de carácter puramente
utópico

بنابراين ، اين پيشنهادات کاملا اتوپيايی هستند

La importancia del socialismo crítico-utópico y del
comunismo guarda una relación inversa con el desarrollo
histórico

اهميت سوسياليزم و کمونيزم انتقادی با توسعه تاريخی رابطه معکوس
دارد .

La lucha de clases moderna se desarrollará y continuará
tomando forma definitiva

مبارزه طبقاتی مدرن توسعه خواهد يافت و به شکل قطعی خود ادامه
خواهد داد

Esta fantástica posición del concurso perderá todo valor
práctico

د سيالی څخه دا خيالی دريخ به تول عملی ارزښت له لاسه ورکړی

Estos fantásticos ataques a los antagonismos de clase
perderán toda justificación teórica

اين حملات خيالی به تضادهای طبقاتی تمام توجيه های نظری را از
دست خواهد داد

Los creadores de estos sistemas fueron, en muchos aspectos,
revolucionarios

د دي سيستمونو بنستګران ، له ډيرو اړخونو ، انقلابی وو

pero sus discípulos han formado, en todos los casos, meras
sectas reaccionarias

اما شاګردان آنها ، در هر مورد ، فقط فرقه های ارتجاعی را تشکيل داده
اند

Se aferran firmemente a los puntos de vista originales de sus
amos

دوی د خپلو بادارانو اصلی نظریات ټینګ ساتی

Pero estos puntos de vista se oponen al desarrollo histórico progresivo del proletariado

اما این دیدگاه ها در تضاد با پیشرفت تاریخی مترقی پرولتاریا است

Por lo tanto, se esfuerzan, y eso de manera consecuente, por amortiguar la lucha de clases

بنابراین ، آنها تلاش می کنند ، و آن هم به طور مداوم ، مبارزه طبقاتی را از بین ببرند

y se esfuerzan constantemente por reconciliar los antagonismos de clase

و آنها به طور مداوم تلاش می کنند تا تضادهای طبقاتی را با هم مصالحه کنند

Todavía sueñan con la realización experimental de sus utopías sociales

دوی اوس هم د خپلو ټولنیزو یوتوپیا تجربوی تحقق خوبونه لری.

todavía sueñan con fundar "falansterios" aislados y establecer "colonias domésticas"

دوی اوس هم د منزوی "فالانستر "د بنست ایینودلو او د "کورنی مستعمرو "د جورولو خوبونه لری.

sueñan con establecer una "Pequeña Icaria": ediciones duodécimas de la Nueva Jerusalén

دوی د نوی بیت المقدس د "لیټل ایکاریا "د جوړولو خوبونه لری.

y sueñan con realizar todos estos castillos en el aire

او دوی خوبونه لری چی دا ټولی کلاګانی په هوا کی درک کړی

se ven obligados a apelar a los sentimientos y a las carteras de los burgueses

هغوی مجبوره دی چی د بورژوازی احساساتو او بکسونو ته مراجعه وکړی

Poco a poco se hunden en la categoría de los socialistas conservadores reaccionarios descritos anteriormente

به تدریج آنها در طبقه بندی ارتجاعی محافظه کار سوسیالیست ها قرار می گیرند که در بالا به تصویر کشیده شد

sólo se diferencian de ellos por una pedantería más sistemática

دوی له دی څخه یوازی د ډیر سیستماتیک پیدنتری له لاری توپیر لری

y se diferencian por su creencia fanática y supersticiosa en
los efectos milagrosos de su ciencia social

او د تولنیزو علومو د معجزاتی تاثیراتو په اړه د متعصبانه او خرافاتی
عقیدي له مخي توپیر لری

Por lo tanto, se oponen violentamente a toda acción política
por parte de la clase obrera

بنابراین آنها با خشونت با هر گونه اقدام سیاسی از سوی طبقه کارگر
مخالفت می کنند

tal acción, según ellos, sólo puede ser el resultado de una
ciega incredulidad en el nuevo Evangelio

د هغوی په وینا ، داسي عمل یوازي په نوی انجیل باندي د روند بي
اعتقادی له امله پایله کېدای شی

Los owenistas en Inglaterra y los fourieristas en Francia,
respectivamente, se oponen a los cartistas y a los reformistas

په انګلستان کي اووینیت، او په فرانسه کي فوریریس، په ترتیب سره د
چارتیست او "ریفورمیستس "مخالفت کوی

Posición de los comunistas en relación con los diversos partidos de oposición existentes

د مختلفو موجودو مخالفو گوندونو په اړه د کمونیستانو موقف

La sección II ha dejado claras las relaciones de los comunistas con los partidos obreros existentes

بخش دوم روابط کمونیست ها را با احزاب موجود طبقه کارگر روشن کرده است

como los cartistas en Inglaterra y los reformadores agrarios en América

لکه په انگلستان کې چارتیست، او په امریکا کې د زراعتی اصلاحاتو

Los comunistas luchan por el logro de los objetivos inmediatos

کمونیست ها برای رسیدن به اهداف فوری مبارزه می کنند

Luchan por la imposición de los intereses momentáneos de la clase obrera

آنها برای اجرای منافع لحظه ای طبقه کارگر مبارزه می کنند

Pero en el movimiento político del presente, también representan y cuidan el futuro de ese movimiento

اما در جنبش سیاسی حال ، آنها همچنین نماینده گی می کنند و از آینده آن جنبش مراقبت می کنند

En Francia, los comunistas se alían con los socialdemócratas

در فرانسه کمونیست ها با سوسیال دموکرات ها متحد می شوند

y se posicionan contra la burguesía conservadora y radical

و خود را در مقابل بورژوازی محافظه کار و رادیکال قرار می دهند

sin embargo, se reservan el derecho de tomar una posición crítica respecto de las frases e ilusiones tradicionalmente transmitidas desde la gran Revolución

با این حال ، آنها این حق را برای خود محفوظ می دارند که در رابطه با عبارات و توهمات که به طور سنتی از انقلاب بزرگ به ارث رسیده اند موضع انتقادی اتخاذ کنند ،

En Suiza apoyan a los radicales, sin perder de vista que este partido está formado por elementos antagónicos

در سوئیس آنها از رادیکالها حمایت می کنند ، بدون اینکه این واقعیت را از دست بدهند که این حزب از عناصر متخاصم تشکیل شده است

en parte de los socialistas democráticos, en el sentido
francés, en parte de la burguesía radical

بخشى از سوسياليست هاى دموكرات ، به معناى فرانسوى ، بخشى از
بورژوازى راديكال

En Polonia apoyan al partido que insiste en la revolución
agraria como condición primordial para la emancipación
nacional

در لهستان آنها از حزب حمايت مى كنند كه اصرار بر انقلاب زراعتى
به عنوان شرط اصلى آزادى ملى دارد

el partido que fomentó la insurrección de Cracovia en 1846

هغه ګوند چې په 1846 كال كې د كراكوف بغاوت ته لمن ووهله

En Alemania luchan con la burguesía cada vez que ésta actúa
de manera revolucionaria

در آلمان هر زمان كه بورژوازى به شيوه اى انقلابى عمل كند ، با آن
مى جنگند

contra la monarquía absoluta, la nobleza feudal y la pequeña
burguesía

د مطلقه سلطنت ، د فيودالى سكوايرارى او كوچنى بورژوازى په وراندې

Pero no cesan, ni por un solo instante, de inculcar en la clase
obrera una idea particular

اما آنها هرګز ، براى يك لحظه ، يك ايده خاص را در طبقه كارګر القا
نمى كنند

el reconocimiento más claro posible del antagonismo hostil
entre la burguesía y el proletariado

واضح ترين شناخت ممكن دشمنى بين بورژوازى و پرولتاريا

para que los obreros alemanes puedan utilizar
inmediatamente las armas de que disponen

تا كارګران آلمانى بتوانند بلافاصله از سلاح هايى كه در اختيار دارند
استفاده كنند

las condiciones sociales y políticas que la burguesía debe
introducir necesariamente junto con su supremacía

شرايط اجتماعى و سياسى كه بورژوازى بايد در كنار حاكميت خود
معرفى كند

la caída de las clases reaccionarias en Alemania es inevitable

سقوط طبقات ارتجاعى در آلمان اجتناب ناپذير است

y entonces la lucha contra la burguesía misma puede comenzar inmediatamente

او بيا به په خپله بورژوازۍ په وراندي مبارزه سمدلاسه پيل شى

Los comunistas dirigen su atención principalmente a Alemania, porque este país está en vísperas de una revolución burguesa

كمونيست ها توجه خود را عمدتا به آلمان معطوف مى كنند ، زيرا اين كشور در آستانه انقلاب بورژوازى قرار دارد

una revolución que está destinada a llevarse a cabo en las condiciones más avanzadas de la civilización europea

انقلابى كه بايد تحت شرايط پيشرفته تر تمدن اروپايى انجام شود

y está destinado a llevarse a cabo con un proletariado mucho más desarrollado

و اين كار بايد با يك پرولتاريا بسيار پيشرفته تر انجام شود

un proletariado más avanzado que el de Inglaterra en el XVII y el de Francia en el siglo XVIII

پرولتاريا چي په اوولسمه پيړۍ كي د انگلستان او په اتلسمه پيړۍ كي د فرانسي په پرتله ډېر پرمختللى و .

y porque la revolución burguesa en Alemania no será más que el preludio de una revolución proletaria inmediatamente posterior

و به اين دليل كه انقلاب بورژوازى در آلمان تنها مقدمه اى براى انقلاب پرولترى خواهد بود

En resumen, los comunistas apoyan en todas partes todo movimiento revolucionario contra el orden social y político existente

به طور خلاصه ، كمونيست ها در همه جا از هر جنبش انقلابى عليه نظم موجود اجتماعى و سياسى حمايت مى كنند

En todos estos movimientos ponen en primer plano, como cuestión principal en cada uno de ellos, la cuestión de la propiedad

در تمام اين جنبش ها ، آنها به عنوان مسئله اصلى در هر يك ، مسئله مالكيت را به جلو مى آورند

no importa cuál sea su grado de desarrollo en ese país en ese momento

مهم نه دى چي په هغه وخت كي په هغه هيواد كي څومره پرمختگ دى

Finalmente, trabajan en todas partes por la unión y el
acuerdo de los partidos democráticos de todos los países

بالاخره ، آنها در همه جا برای اتحاد و توافق احزاب دموکراتیک تمام
کشورها کار می کنند

Los comunistas desdeñan ocultar sus puntos de vista y sus
objetivos

کمونیست ها از پنهان کردن نظریات و اهداف خود نفرت دارند

Declaran abiertamente que sus fines sólo pueden alcanzarse
mediante el derrocamiento por la fuerza de todas las
condiciones sociales existentes

آنها آشکارا اعلام می کنند که اهداف آنها تنها با سرنگونی اجباری تمام
شرایط اجتماعی موجود به دست می آید

Que las clases dominantes tiemblen ante una revolución
comunista

پربېرېدئ چی حاکمي طبقی د کمونیستی انقلاب په وراندي ولړزيږي

Los proletarios no tienen nada que perder más que sus
cadenas

پرولتاریا جز زنجیر ها چیزی برای از دست دادن ندارند

Tienen un mundo que ganar

دوی د ګټلو لپاره یوه نړی لری

¡TRABAJADORES DE TODOS LOS PAÍSES, UNÍOS!

د ټولو هېوادونو کارګران ، متحد شئ